CÓMO RESCATAR A LA DEMOCRACIA DE LOS PARTIDOS POLÍTICOS

Enrique Campomanes Calleja

CÓMO RESCATAR A LA DEMOCRACIA DE LOS PARTIDOS POLÍTICOS

Del representante del partido
al delegado de la ciudadanía

Primera edición: diciembre 2024

Editamás, editorial y contenidos digitales

DEPÓSITO LEGAL:
BA-000718-2024

ISBN:
978-84-129765-3-3

MAQUETACIÓN, IMPRESIÓN Y PEDIDOS:
www.editamas.com
924 18 07 91

A mi hermano Eduardo
que sigue trabajando
por una democracia de la ciudadanía

ÍNDICE

PRÓLOGO

Este libro analiza la debilidad de la democracia producida por una sobreactuación de los partidos políticos, en su afán por detentar el poder político de la sociedad, y los cambios que son necesarios realizar en la estructura y funcionamiento de la democracia para que la ciudadanía vuelva a recuperar la soberanía política.

El punto de partida es la importancia de la política en la sociedad como factor de consenso para desarrollar el, cada vez más pesado, sector público a través de sus funciones principales de "conexión" y "bálsamo". La democracia como forma de estado le aporta una estructura y una forma de funcionamiento y, a partir de ellas, alcanzar la finalidad democrática que no es otra que la convivencia pacífica y el bienestar personal y social. Para poder convivir, consensuar y aplicar el sentido común en una sociedad es necesario dotarla de una cultura democrática que desarrolle comportamientos sociales que incluyan valores, principios y objetivos democráticos, donde las personas estén por encima de cualquier otro interés. Solamente de esta manera el sistema social y político podrá gozar de una estabilidad robusta que sustente los continuos movimientos a los que está sometida la sociedad a lo largo del tiempo.

Los grandes cambios sociales motivados por la tecnología están transformando profundamente las sociedades y van rediseñando las fronteras clásicas que separan a los espacios públicos y privados, la manera de gestionar y utilizar las actividades económicas, hasta alcanzar el núcleo básico del Estado que se ha visto superado por la globalización y la inmediatez de la información. Estos factores hacen tambalear a los estados modernos y están provocando un gran debilitamiento del funcionamiento de la democracia representativa al poner en peligro la propia soberanía ciudadana que parece alejarse hacia distintos grupos políticos que buscan adueñarse de ella.

En segundo lugar, se detalla el plan de acción de dichos grupos políticos con la finalidad de colonizar el poder y apropiarse, de manera permanente, de la soberanía ciudadana. Se analiza este plan desarrollando tres puntos negros esenciales, enlazados entre si y que conforman una red de secuestro. Para ello utilizan la fuerza que la gestión de los tres poderes públicos les permite como representantes políticos y la ambigüedad, basada en la buena fe, que presenta el funcionamiento de la democracia.

De esta forma les permite ser juez y parte en el desarrollo y aprobación de las leyes, disponer de la enorme fuerza que permite el aparato del Estado a través de los gobiernos políticos y controlar muchas de las fuentes de información pública que facilita la labor de poder gestionar la democracia sin limitaciones.

En tercer lugar se hace el recuento de los mecanismos que la democracia pone a disposición de la ciudadanía para validar su poder soberano con su principal herramienta que es la libertad política. Y aunque los partidos políticos han conseguido adormecerla sigue presente como principal estandarte de la democracia para luchar contra la injusticia, el abuso de poder y la falta de libertad ciudadana.

El principal problema es la concienciación política de la ciudadanía que dificulta la recuperación de participación pública de la sociedad en el espacio público que es patrimonio común de toda la sociedad y que desdibuja el concepto de que los cargos elegidos son servidores de la ciudadanía a la cual se deben. Por eso los derechos y libertades reconocidos en las Constituciones deben ser utilizados de manera permanente para recuperar la esencia de la democracia y luchar para que la ciudadanía no pueda ser aplastada por el poder del Estado y los representantes elegidos deben estar a su servicio.

Finalmente se describe el plan de la ciudadanía para restablecer la democracia de las personas desde la democracia de los partidos. Este plan consta de tres fases que permite eliminar los puntos negros generados por los partidos utilizando exclusivamente actuaciones democráticas. Estas fases están interrelacionadas entre sí y forman un bloque de actuaciones conjuntas con una estrategia conjunta y coordinada,

Se inicia recuperando la soberanía transformando las funciones y prerrogativas de los representantes políticos en labores exclusivamente delegativas con dependencia directa de la ciudadanía en su elección y en su revocación. Este cambio exige garantizar, drásticamente, la independencia de cada uno los poderes públicos de tal manera que permita un desarrollo propio a través de fronteras estrictas y puedan formar contrapoderes robustos entre ellos para construir una democracia sólida y equilibrada. Para ello se generaliza, en primer lugar, la elección de cargos públicos por la ciudadanía en los tres poderes políticos para incrementar la independencia de estos, evitando los nombramientos cruzados que pueden inducir a injerencias peligrosas. Además es necesario un rediseño profundo de los roles de los agentes políticos que aseguren realmente esos objetivos concretos. Por una parte una transformación de los partidos políticos, para conseguir gobiernos eficientes se deben profesionalizar los cargos públicos del poder ejecutivo para que puedan realizar labores de dirección especializadas donde se exijan conocimientos y experiencia profesional y política. Por otra parte una trasformación de la sociedad civil, para ampliar la participación de la ciudadanía aumentando el espectro de elección en el poder legislativo.

INTRODUCCIÓN: LA PARTICIPACIÓN CIUDADANA ES LA SAVIA DE LA DEMOCRACIA

La palabra democracia es uno de los múltiples nombres que nos han dejado los griegos para interpretar la gobernanza del mundo político. Su origen se encuentra en la unión de "demos" (pueblo) y "kratein" (gobierno), por lo que no hay duda de que se refiere al gobierno del pueblo. Y no solo lo nombraron, sino que además lo ejercieron. Multitud de ciudades griegas adoptaron esta forma de gobierno alrededor del 500 a. c. y con ello la práctica de la democracia (directa).

Con el enorme crecimiento de personas en los pueblos, naciones y estados la posibilidad de ejercer la democracia de forma directa se hizo manifiestamente impracticable. Por eso la democracia moderna renacida al calor de las revoluciones francesa, inglesa y americana se desarrolló en formato representativa bajo la atenta mirada y control de la burguesía dirigente vencedora de la monarquía absoluta.

Más tarde llegaron los partidos políticos, el sufragio universal y la incorporación de la clase trabajadora al escenario dibujando un sistema político complejo y difícil de gestionar. El crecimiento exponencial del Estado hizo necesario la expansión de la clase política en los poderes legislativo y sobre todo ejecutivo, por la exigencia de gobiernos especializados que fueran eficaces y estables.

Los criterios democráticos se fueron adecuando a esta necesidad y, en consecuencia, el enfoque principal de las democracias actuales se dirigió hacia objetivos basados en la gobernabilidad para alcanzar un mayor bienestar común. Por esta razón las elecciones de cargos públicos, donde participan los miembros de la sociedad, se distorsionan con sistemas electorales que prioricen la gobernabilidad sobre la proporcionalidad de los votos y por lo tanto sobre las decisiones de la ciudadanía.

De esta forma se orientan a conseguir mayorías absolutas de los partidos y de esta forma alcanzar una estabilidad gubernamental alejada de desequilibrios políticos. El bipartidismo político es la prueba palpable de esa maniobra, desde la finalización de la segunda guerra mundial.

En alguna medida esta búsqueda del bienestar común como fin sin explicar los medios para lograrlo recuerda a los objetivos de las monarquías absolutas y su eslogan "todo para el pueblo pero sin el pueblo". Con la llegada del siglo XX se repitió esta misma consigna con la llegada de las ideologías comunistas y fascistas, donde lo importante era la "masa" y lo secundario las personas. Los planes quinquenales soviéticos buscaban lo mismo que la propaganda nazi: el bienestar común de la sociedad, aunque fuera necesario limitar la libertad de las personas.

Nuevas banderas traídas por la extrema derecha bajo el disfraz del nacionalismo más ultramontano volvieron a ondear, en este siglo XXI, en muchos países democráticos. Y bajo el cántico de la patria y la nación volvieron a quedar sepultadas las personas en la "masa" cubiertas por las banderas y las enseñas nacionales. Atraídos por ese mensaje empezaron a postularse los populismos como líderes de lo general, lo grande y lo común. "América primero" de Donald Trump, la gran nación de Bolsonaro o la tradición y el autoritarismo del húngaro Viktor Orbán y del polaco Jaroslaw Kaczynsk en pleno corazón de la Unión Europea, ponen en relieve la vuelta a "la masa" por encima de las personas.

Este reenfoque de la democracia donde la eficiencia del gobierno exige la transformación de la ciudadanía en "masa" silenciosa que no intervenga en los asuntos públicos para evitar ruidos sociales y políticos, debilita y pone en grave peligro la soberanía popular eje esencial de una democracia. De esta forma se acrecienta y se visibiliza el enfrentamiento entre la clase política y la ciudadanía sobre la detentación del poder soberano. En forma categórica podemos afirmar que la soberanía está relacionada íntimamente con el uso de la propiedad, es decir, la ciudadanía es la única con capacidad legal para decidir por donde debe avanzar el futuro de la sociedad. Y se desarrolla con la participación de toda la población en el gobierno de lo público que pertenece a toda la ciudadanía y a la vez a cada una de las personas que la componen.

Existe la creencia de que la participación ciudadana dificulta la eficacia de la acción pública ya que los proyectos del gobierno están enlazados entre sí y de esa visión general carece la ciudadanía. Y se plasma en la práctica democrática en la limitación extrema de la participación de la ciudadanía en los asuntos públicos ya que la clase política piensa que la ciudadanía es más bien un incordio que un apoyo.

Estas dos circunstancias, enfrentamiento con la ciudadanía y desarrollo de sistemas electorales en búsqueda del bipartidismo, definen las actuales democracias de masas basadas en la representación, donde los cargos electos públicos asumen la soberanía democrática como arma necesaria para poder desarrollar una "política eficiente". Por estas razones la democracia más usual que actualmente, en los países que disfrutan de esa forma de gobierno, es la denominada representativa, que se instauró en el siglo XIX primero en Europa y posteriormente en la mayoría de los países del mundo a través de distintas oleadas.

Esta democracia tiene el grave inconveniente que los representantes elegidos se transforman realmente en soberanos ya que toman el control del poder político y con ello la gestión de todas las instituciones, dejando a la ciudadanía sin participación política hasta las siguientes elecciones. En este caso la participación ciudadana se limita exclusivamente a la elección de los representantes de los partidos políticos que asumen toda la soberanía política.

Desde luego es evidente que el gobierno político debe ser dirigido por personal muy especializado y por eso la democracia no debe basarse en el gobierno del pueblo sino en la influencia real que pueda tener para tomar las decisiones más importantes que involucren a los gobiernos que se nombren. Y para que la influencia de la ciudadanía, en el nombramiento de sus gobernantes, debe limitar el poder de los representantes de los partidos a meros equipos profesionales que desarrollen las funciones más técnicas y especializadas, a la manera de subcontratación ("outsourcing").

El procedimiento se basaría en que la ciudadanía se haría cargo de la selección, el control y el cambio de los equipos político-técnicos gobernantes y de la aprobación de las líneas maestras de la democracia a través de las leyes que afectan derechos y modificación de la Constitución en todos sus niveles de participación, deliberación y aprobación.

De esta manera la influencia estaría relacionada con los niveles de participación, es decir, con la capacidad de la ciudadanía para influir de una manera real en las decisiones del gobierno y más extensamente en el funcionamiento del sistema político. Por eso, aunque sea impensable, que el pueblo se involucre completamente en la gestión de los gobiernos públicos, si es posible y necesario, que la sociedad vaya incrementando su participación política para que su influencia en el gobierno sea cada vez más decisiva.

Por lo tanto habría que decir a los políticos que la democracia de "masas" ha llegado a su fin y por eso el bienestar general es un concepto ya caduco. Ahora se debe singularizar y buscar el bienestar de cada persona. La diferencia básica estriba en que el bienestar ya no se consigue desde lo común hacia lo específico, sino desde lo singular hacia la comunidad. Y para eso es necesario que cada persona participe en el proceso y haga suyo lo que va a construir con los demás y poder encontrar el camino que conduzca hacia el progreso y bienestar de la sociedad.

La democracia no es un concepto estático y cerrado sino que, por el contrario, es un sistema vivo que va progresando por diferentes niveles, marcados por el criterio esencial de participación y responsabilidad de su ciudadanía. El estadio de la democracia representativa, lo vamos a colocar como el primer paso de una sucesión creciente que conduce hacia una democracia de total participación ciudadana en los asuntos públicos.

Conocemos, pues, los extremos del intervalo donde se puede mover el ejercicio de la democracia: entre la representación y la decisión directa. El avance democrático exige el apoyo de nuevos mecanismos y herramientas políticas, muchas de las cuales aún no han sido imaginadas, que permitan despertar el interés de las personas por su utilidad y facilidad, para poder ejercer los derechos fundamentales, sin necesidad de intermediarios. No cabe la duda que las nuevas tecnologías ayudarán de manera decisiva a diseñarlas e implementarlas.

Si la democracia fuera un árbol frutal su supervivencia dependería del entorno donde estuviera plantado. Es necesario regarlo, enriquecer la tierra con fertilizantes y eliminar las malas hierbas. Esa debe ser la labor habitual del gobierno: gestionar los recursos y ser eficientes en su labor. Pero el elemento fundamental del árbol está por dentro y es la savia. Su salud depende de los nutrientes que le llegan a través de las raíces y es fundamental para que pueda producir buenos frutos.

EL ESCENARIO POLÍTICO: LA DEMOCRACIA REPRESENTATIVA

En este capítulo se analiza la necesidad de una robusta estabilidad democrática para garantizar una justa distribución del poder y un funcionamiento democrático que busque la justicia entre sus componentes. Sus principales aliados son los valores democráticos y la cultura política de los miembros de la sociedad.

La democracia es una forma de gobierno caracterizada por asignar la propiedad del poder político a la ciudadanía y donde el comportamiento democrático de una sociedad se mide a través del nivel de la participación (real) política de sus miembros que son los soberanos de los poderes públicos.

La democracia representativa, que es la más extendida, tiene como principal característica el nombramiento de representantes políticos para que se hagan cargo del funcionamiento de las instituciones con argumentos que han ido evolucionando a lo largo del tiempo. Primero se hizo referencia la falta de preparación de la ciudadanía para posteriormente con la llegada del sufragio universal se quería evitar a la ciudadanía cansancios y responsabilidades políticas. El objetivo de toda la argumentación política se dirigía a evitar que la ciudadanía ocupara el espacio público y reclamara su poder de decisión.

Por eso es cada vez más urgente activar la cultura política como herramienta de formación para sensibilizar, activar y responsabilizar a todos los miembros de la sociedad, de tal forma que puedan acceder y decidir sobre la manera de gestionar los poderes políticos de los que son soberanos. Y de esta forma avanzar hacia el objetivo último de la democracia que no debe ser otro que conseguir implementar en la sociedad una democracia directa, donde los representantes sean la excepción más técnica y la ciudadanía la regla más habitual para ejercerla.

Para ello es necesario que se consigan dos cosas previas: primero que exista un progreso permanente de la implantación de valores y principios democráticos en la sociedad para empoderar a sus integrantes y facilitar su participación pública y segundo que se genere una cultura política que sensibilice, motive y active el sentido vital de una relación estrecha entre participación y democracia como elemento básico de una convivencia compartida. Estas dos premisas se funden en una finalidad encaminada a que la sociedad se vaya dando cuenta que la esencia de la democracia es la participación de todas las personas que forman parte de la comunidad en el funcionamiento político.

La democracia representativa actual transita en unos caminos radicalmente diferentes como democracia indirecta que es. Por eso su implementación en la sociedad ha generado graves riesgos que impide alcanzar aquella meta de la democracia. Estos riesgos están relacionados con la cantidad de agujeros e imprecisiones que son utilizados por los partidos políticos en su objetivo de detentar el poder político de la sociedad. Cuando se rompe el equilibrio entre los representantes y la ciudadanía que los ha elegido la democracia se empieza a resentir con peligros graves que pueden llegar a romper el contrato social y colapsar la democracia.

En los siguientes capítulos se explicarán estos riesgos junto con las herramientas que pueden desactivarlos para finalmente proponer un plan de rescate de la democracia retenida por los partidos políticos que permita recuperar la soberanía y la participación pública de la ciudadanía.

1.1 LA POLÍTICA Y SU PAPEL EN LA SOCIEDAD

La política es una necesidad innata de las sociedades humanas para regular y gestionar las relaciones entre las personas y conseguir el entendimiento y la justicia como factores claves de la convivencia común. Por eso su principal objetivo es “engrasar” la sociedad y lograr una velocidad de crucero que permita hacer vivible el presente y encaminarse con ilusión hacia el futuro.

Para conseguirlo utiliza por un lado la función "conexión" que consiste en coordinar el mayor número de inteligencias para generar valor comunitario a la sociedad. Sin embargo, este proceso puede generar diferencias, disputas y conflictos entre los miembros de la sociedad y por eso es necesario complementarlo con otra función que denominamos "bálsamo" que permita impedir, aliviar o curar las heridas que se producen en esas continuas relaciones sociales.

La función "conexión" busca incorporar el mayor número de personas en el compromiso público relacionado con el progreso de la sociedad y alcanzar su máxima cohesión a través del fortalecimiento y optimización de los lazos sociales que permiten desarrollar la inteligencia grupal de los equipos para lograr la máxima excelencia.

El objetivo es dotar de eficiencia al funcionamiento de la sociedad a través de la cooperación para conseguir resultados que enriquezcan a todos sus miembros. Busca cumplir la esencia de la democracia que no es otra que asumir de forma colectiva la participación en las cuestiones públicas y desarrollar la responsabilidad de contribuir políticamente en el crecimiento del bienestar común de forma sostenida y solidaria.

En definitiva la colaboración de toda la ciudadanía en el espacio público para que todos participen en el diseño y desarrollo de las soluciones comunes de la sociedad. Para ello utiliza las instituciones públicas del Estado que son un conjunto de herramientas y mecanismos que fomentan la participación de los agentes sociales, el consenso de la ciudadanía para alcanzar acuerdos y la aplicación justa y equitativa de los beneficios y cargas en el esfuerzo colectivo.

La función "bálsamo" utiliza normas, reglas y leyes para generar justicia entre las personas y comportamientos compatibles que permitan una paz social. Para construirlas necesita sumergirse en la cultura de la sociedad y transformar, de una manera equilibrada y proporcional, los usos y costumbres, la idiosincrasia, el folclore, la cultura popular, la geografía, las características sociales y un largo etcétera. De todas ellas y una vez destiladas se van diseñando las obligaciones y prohibiciones de los comportamientos personales y sociales bajo el formato ordenado de leyes y reglamentos (derecho), de normas y prescripciones morales y de principios y valores éticos. Para su cumplimiento utiliza la justicia, el desprestigio personal o la crítica social.

Hay que gestionar, no obstante, que en demasiadas ocasiones y al calor de la falta de transparencia y el abuso de la autoridad delegada, florece un nuevo factor que denominamos "interés" que puede desestabilizar el equilibrio logrado y generar grandes cantidades de "entropía" que degrada la energía latente en la sociedad y aumenta el desorden el sistema social y con ello destruye y degrada mucha energía que no se podrá utilizar y que motivará averías y errores de diversa gravedad en el funcionamiento de la sociedad.

Además pueden ocasionar desvíos inútiles o gravosos en el avance social y afectar al logro de alcanzar la meta prevista. Estas dos funciones de la política deben estar coordinadas y bien implementadas para evitar que el factor "interés" pueda entorpecer el progreso de la sociedad y generar injusticias que debiliten el ánimo de su ciudadanía. Los agentes políticos tienen una responsabilidad muy elevada en su correcto funcionamiento.

La política, según una frase muy conocida, es el arte de lo posible. Pero para alcanzar una meta hay que tener en cuenta tanto los fines como los medios. No consiste solamente en llegar a la meta, al fin esperado, sino que se debe conseguir utilizando herramientas adecuadas y aprobadas por toda la sociedad para eliminar de las actuaciones públicas la conocida frase escrita por Napoleón "el fin justifica los medios".

Para ello es necesario que toda acción política se desarrolle con la suficiente transparencia para que, además de poder juzgar los fines, se puedan analizar los medios empleados. Los logros políticos no solo deben ser eficaces (alcanzar la meta) sino que también deben ser eficientes (utilizando los medios imprescindibles y acertados).

La finalidad de la política es eminentemente práctica ya que está relacionada con la toma de decisiones y acuerdos entre la ciudadanía. Según afirmaba Aristóteles "el fin de la política no es el conocimiento, sino la acción". Además la acción de la política se desarrolla utilizando con el ejercicio del poder acumulado por la sociedad y que tiene una permanente disputa entre los colectivos sociales y personales. Por eso tiene una fuerte vinculación que bascula entre el conflicto y la colaboración social. Como remarca Del Águila (2003) entre las formulaciones maquiavélicas (conflicto) y las colaboraciones aristotélicas (colaboración).

La política se centra, por lo tanto, en gestionar el inmenso poder público producido por la sociedad. Y para ello se necesitan mecanismos y herramientas que permitan gestionar el inmenso poder público creado en las sociedades fruto de las ideas, trabajo y esfuerzo de su ciudadanía. Para ello se han ido diseñando Estados modernos que cuentan de un conjunto de instituciones públicas que determinan las reglas del comportamiento de todos sus miembros incluyendo los cargos públicos que los dirigen.

El poder político se ejerce a través de formas jurídicas con la facultad de disponer de la violencia del Estado para que se cumplan, legitimada por la autoridad emanada del Derecho y las leyes (Constitución). Siguiendo a Herman Heller, se puede afirmar, que el poder político, al menos en potencia, es un poder estatal.

En el escenario político se distinguen dos grupos antagónicos principales, la clase dirigente denominada élite política y la clase dirigida o ciudadanía. La primera ocupa los puestos de responsabilidad en las instituciones políticas, la segunda obedece las normas emanadas de aquella. Para que exista una legitimidad de mando es necesario que se apruebe un contrato social entre ambos.

En la Edad Media se utilizaba la forma teológica afirmando que el ejercicio del poder derivaba de la voluntad divina. Una vez alcanzada la edad contemporánea y la llegada de la democracia burguesa, fue Hobbes quien modificó esa percepción divina del detentador del poder, con un contrato directo entre los miembros de la sociedad y que se relacionaba, generalmente, con una forma de gobierno democrático.

Por eso los métodos más empleados para resolver y superar el permanente conflicto entre los distintos grupos sociales y sus representantes están relacionados con el compromiso, la responsabilidad, el debate y la negociación. Como explica Kelsen (2002) es necesario mantener activas estos métodos para alcanzar resultados aceptables. En sus palabras "la democracia necesita de esta continuada tensión entre mayoría y minoría, entre gobierno y oposición, de la que dimana el procedimiento dialéctico al que recurre esta forma estatal en la elaboración de la voluntad política. Se ha dicho acertadamente que la democracia es discusión. Por eso, el resultado del proceso formativo de la voluntad política es siempre la transacción, el compromiso".

1.2 LA DEMOCRACIA COMO FÓRMULA DE CONVIVENCIA

La democracia es una de las múltiples formas de gobierno para gestionar el poder público de una sociedad. Un inmenso poder potenciado y ampliado con la aparición de los Estados modernos que, utilizando principalmente la cultura y la lengua como elementos aglutinadores, consiguieron encauzar y coordinar los esfuerzos de la población, de una manera ordenada y eficiente, para generar más valor y riqueza.

Este nuevo sistema social permitió superar los caducos imperios reales que estaban formados por un conjunto heterogéneo de reinos y territorios con distintas culturas, lenguas y leyes que impedían cohesionar a sus gentes hacia un mismo objetivo común. La democracia se puede expresar como una manera de convivir en sociedad, ya que influye permanentemente de manera apreciable en los aspectos sociales además de los políticos.

Esta forma de convivencia se va incorporando a la cultura social y la va transformando lentamente pero sin pausa. Como destaca Melman (2011) la mayor función de la democracia "es organizar a la sociedad de una manera política y, así, generar un orden social". Por eso "Hablar de democracia no implica solamente una forma de gobierno, sino que abarca conceptos que se podían ampliar hacia lo filosófico, ideológico, social y económico.

Todo esto nos lleva a pensar que la democracia podría interpretarse como una forma de vida".

La base de la democracia, que la distingue de otras formas de gobierno, se puede resumir en tres cuestiones esenciales: por una parte asignar la propiedad del poder político a todos los miembros de la sociedad, por otra parte trocear ese poder en varias partes independientes que actúen de contrapesos entre sí para evitar que puedan volver a reunificarse en un poder absoluto y finalmente en la existencia de unas reglas de juego legales aprobadas por toda la sociedad. Estas cuestiones se pueden resumir en tres principios básicos:

- *Soberanía ciudadana*

La ciudadanía es la detentadora de la soberanía política de la sociedad. Es el dueño absoluto del poder político y todos los grupos y agentes políticos están sujetos a la opinión y criterio de ella. Los súbditos se convierten en ciudadanos a través del reconocimiento de la posesión de la soberanía, es decir, son los propietarios de los poderes del Estado. Es el mandamiento esencial de una democracia real.

- *División de poderes*

Otra característica es la división del poder para evitar que tanto poder en unas únicas manos puede revertir la democracia y volver a alguna forma de monarquía real, militar o religiosa. Esta división se agrupa en los tres poderes del Estado: Legislativo, Ejecutivo y Judicial. Deben ser poderes independientes entre sí, para que sirvan de contrapeso y vigilancia entre ellos y además estén relacionados estrechamente para que el poder resultante sea eficiente.

- *Estado de derecho*

Se instaura el imperio de la ley para que todos los miembros de la democracia, gobernantes y gobernados adapten sus conductas a los preceptos y normas que fijan sus límites y actuaciones sin abusos ni favoritismos. La sociedad suele ser muy numerosa y necesita un cierto orden para ser efectiva.

El sistema político es el resultado de ese objetivo que define el escenario y los componentes donde se va a mover el poder. El orden y la claridad es fundamental para el funcionamiento de los diferentes agentes en el ejercicio del poder y por eso debe existir un detalle claro y verificable de las funciones, estructuras y valores que debe regir el funcionamiento de la democracia y que constituyen sus reglas de juego. Estas reglas deben tomar el formato de preceptos jurídicos.

El contrato político suscrito entre el poder político y su ciudadanía se materializa, generalmente, en una Constitución que representa la ley suprema por la que se rige la sociedad y a la que están supeditadas todas las leyes que se desarrollen. Suele estar dividida en dos partes, una dogmática donde se señalan las ideas, valores, derechos y deberes de la sociedad y sus instituciones políticas y otra orgánica donde se describe cual debe ser el funcionamiento del estado.

En la primera parte se define el estado democrático de ciudadanos y ciudadanas y en la segunda parte se reglamenta su funcionamiento, o como señala Oliván (2017) "Cada una de ellas es expresión de uno de los dos cometidos que se le reclaman al texto constitucional: articular la vida orgánica del estado y dotar de derechos la existencia de los ciudadanos".

El progreso de la democracia depende en una gran parte de su nivel de funcionamiento y por ello se necesita, cada cierto tiempo, analizar la ruta del camino recorrido y verificar que el mecanismo político que lo dirige no ha sufrido averías o modificaciones que lo puedan deteriorar. Para ello se deben analizar las alertas principales relacionadas con sus cuestiones esenciales y sus principios básicos.

El escenario político

Se vuelve, pues, a presentar, dos siglos después, una situación semejante al escenario que se generó con el triunfo de la burguesía en el siglo XIX donde la revolución de las relaciones políticas desde la monarquía y sus imperios hasta la democracia y sus Estados obligó a modificar las relaciones económicas vigentes e impulsó la creación del capitalismo y las empresas.

Por esta razón el cambio del sistema político para sustituir a la democracia representativa debe ir acompañado, paralelamente, de un cambio del sistema económico para que se pueda implementar la nueva sociedad. El cambio político, por lo tanto, es el último paso para transformar una sociedad y empezar a construir una nueva. Previamente debe haberse iniciado las modificaciones más radicales en los sistemas económicos, sociales y de pensamiento para que la nueva cultura se vaya desplegando y los nuevos valores y principios vayan sustituyendo a los que representaban a la anterior sociedad.

La implantación de la sociedad industrial fue convulsa y rodeada de diversas revoluciones que tuvieron sus puntos de acción en las sociedades norteamericana, inglesa y francesa, cada una con un foco diferente en los sistemas legales, económicas y políticas respectivamente que permitieron de forma conjunta crear el polvorín necesario para dinamitar la antigua sociedad que se resistía a caer.

Estamos hablando desde los años cincuenta, con el invento de los ordenadores, de la llegada de una nueva sociedad (de la información, de la comunicación, digital, etc.) pero lo que es cierto es que la sociedad industrial aún sigue en pie aunque cada vez con más descosidos y con sistemas sociales cuya utilidad cada vez es menor hasta alcanzar un nivel de ser más un obstáculo que una palanca de avance. Por lo tanto si se quiere avanzar en el sistema político y democrático y darle más responsabilidad a la ciudadanía es necesario previamente sustituir los sistemas económico y cultural.

La división del poder absoluto en distintos poderes independientes para evitar el autoritarismo y la llegada de un líder que dispusiera de todo el poder al estilo de las monarquías se inicia en el siglo XVII y queda revelado en un libro de Levelles en 1657 donde afirma que “Hay un triple poder civil, o al menos, tres grados de ese poder: el primero es el legislativo, el segundo el judicial y, el tercero, el ejecutivo”.

Montesquieu en su conocido libro El espíritu de las leyes, incorpora aportaciones a la división de poderes al señalar “He aquí, pues, la constitución fundamental del gobierno al que nos referimos: el cuerpo legislativo está compuesto de dos partes, cada una de las cuales tendrá sujeta a la otra por su mutua facultad de impedir, y ambas estará frenadas por el poder ejecutivo que lo estará a su vez por el legislativo.

Los tres poderes permanecerían así en reposo o inacción, pero, como el movimiento necesario de las cosas están obligadas a moverse, se verán forzados a hacerlo de común acuerdo". Según resume Berning (2009):

"- Asigna clara y específicamente cada función esencial del Estado a un órgano que, por su composición, es el más adecuado para cumplirlo: es la denominada racionalidad funcional.

- Proporciona un modelo de validez universal, no limitándose a un Estado concreto, sino aplicable a cualquiera de ellos.

- Aplica métodos científicos propios de Newton, cuyo máximo exponente es que la resultante de las relaciones de fuerza entre los órganos estatales es la libertad individual".

De tal forma que el pensamiento de Montesquieu se basa en la libertad política de la ciudadanía y en la igualdad e independencia de los tres poderes políticos. Más adelante Rousseau lo llevó a la práctica en plena revolución francesa en su libro El contrato social que tuvo gran implantación en ese período y cuya máxima puede resumirse en la afirmación "Cada uno pone en común su persona y todo su poder bajo la suprema dirección de la voluntad general, y cada miembro considerado como parte indivisible del todo".

Los valores democráticos

El sentido de la democracia se basa en los tres valores enarbolados en la revolución francesa de 1789: libertad, igualdad y fraternidad. La democracia representativa ha consolidado el primero de ellos, la libertad, que goza de una indudable salud, aunque como todos los valores siempre es necesario modularlo para que se mantenga en la centralidad (donde está la virtud según los clásicos) y eso necesita una afinación permanente.

Sin embargo, y eso evidencia un signo claro de la actividad de las élites, la igualdad apenas ha avanzado en firme para que se pueda afirmar que va calando y progresando en la sociedad e incluso en las últimas décadas está retrocediendo relativamente entre las clases sociales. La distribución de la riqueza nacional sigue rigiéndose más por la libertad que por la fraternidad, porque este último sigue estando en el sueño de los justos sin poder desprenderse de la caridad y la compasión y alcanzar la justicia.

Para avanzar en la igualdad, sin detrimento de la libertad, es necesario que el Estado equilibre las relaciones que se producen en los mercados (económico, laboral, ...) para que las fuerzas de los contendientes (económica, de producción, de servicios ...) no distorsionen el resultado lógico de la competencia.

De esta manera el Estado debe ampliar sus competencias e incorporar a la defensa del valor de la libertad el compromiso de garantizar la igualdad entre la ciudadanía. Esta doble responsabilidad exige una mayor ampliación de la estrategia basada en la exclusiva defensa de la libertad, ya que conseguir la igualdad implica un trabajo más activo de la democracia para la tasación de los privilegios de los más poderosos donde la más importante forma de transacción es el poder del dinero.

De esta forma, la tutela de la igualdad, dentro de la democracia representativa exigiría la transformación del actual sistema económico como herramienta generadora de riqueza, ya que es un acelerador de la desigualdad entre las personas. Esta adaptación de la democracia representativa, relacionada con el valor democrático de la igualdad, es muy difícil y exigente ya que debe acompañarse simultáneamente con un cambio profundo del capitalismo y del mercado.

Los tres poderes políticos

En la actualidad para desarrollar sus funciones políticas la democracia cuenta con tres poderes. El poder legislativo se encarga de diseñar y aprobar las leyes y normas, es decir, desarrollar la función "bálsamo". El poder ejecutivo se encarga de su ejecución a través de la acción, es decir, desarrollar la función "conexión". Finalmente el poder judicial, como garante del Estado de Derecho, que se encarga de controlar y verificar que se cumplen la legalidad de los comportamientos de la ciudadanía y del Estado. Ejerce una función de control.

Pero debemos tener en cuenta el riesgo que el ejercicio del poder puede representar por quienes lo detentan, es decir, la élite política. Xifka Heras (1964) lo explica claramente "Pero aunque el Poder emane de la comunidad, como un fenómeno connatural a la misma, hay que observar que su ejercicio presupone una competencia que no procede del pueblo (nadie puede dar lo que no tiene), sino que va hacia el pueblo.

Partiendo de esta base, distinguió Hauriou el poder mayoritario, atribuido directamente a la comunidad, del poder minoritario, patrimonio de una «élite» política". (...) Jouvenel ha insistido en el hecho de que ese poder minoritario tiende a adquirir sustantividad propia y termina imponiéndose al conjunto de que emana, erigiéndose en un Estado omnipotente (Minotauro), movido por un apetito insaciable de crecimiento, que pone en peligro el orden social que lo engendra".

Este grave riesgo, en parte cumplido en las democracias actuales, solo será posible minimizarlo, y en la hipótesis más optimista eliminarlo, creando un control efectivo y real que se pueda ejercer de manera permanente por la ciudadanía. Además se necesitan otros controles preventivos y complementarios que limiten las tentaciones, las sobreactuaciones y las acciones temerarias.

Para ello deben existir claras responsabilidades con sus correspondientes castigos ejemplares, revocaciones inmediatas de cargos públicos en actuaciones irregulares y limitaciones temporales, incompatibilidades absolutas de determinados cargos sensibles y perfiles profesionales específicos.

De igual modo habría que garantizar que la selección de cargos públicos en los distintos poderes políticos sea realizada exclusivamente por la ciudadanía mediante un sistema electoral justo y proporcional.

1.3 LA CULTURA DEMOCRÁTICA COMO FORMACIÓN CIUDADANA

La cultura es el principal factor de influencia en la sociedad. Y eso es lógico, ya que es el fruto acumulativo de las relaciones humanas. Podemos decir que la cultura es la expresión vital de cada sociedad e incluye todas las manifestaciones humanas realizadas para mantener vivas las relaciones de todos sus integrantes encaminados a mantener equilibrada la sociedad.

La cultura es fruto de la cercanía de las personas que van construyendo y compartiendo costumbres y hábitos que sirvan para vivir en paz y aumentar el bienestar tanto material como sicológico. En ese entorno "familiar" nacido del entramado del apareamiento, de la vida en común y del apoyo mutuo, nace la cultura que sirve de pegamento para sus miembros y aumenta el beneficio de todos ellos.

La cultura incluye, de manera especial, las facultades y habilidades prácticas que se necesitan para alcanzar esos objetivos y pueden ser físicas, intelectuales, morales o artísticas. También incluyen todos los mecanismos y herramientas diseñadas por los humanos para alcanzar aquellos objetivos y garantizar la supervivencia y desarrollo como especie.

Una característica muy importante de la cultura es que no nace y muere en cada generación, sino que, a semejanza de la evolución natural, tiene voluntad de permanencia y crecimiento, es decir, de cambio y sustitución. Por eso la cultura es un mecanismo vivo que debe adaptarse lo mejor y más rápidamente posible a la realidad cambiante para que tenga utilidad. Al igual que las sociedades van evolucionando las culturas cambian con ellas, aunque siempre con la mochila de la cultura almacenada a lo largo del tiempo que obliga a diseñar un camino que recoja toda su historia.

La democracia no es solamente una forma de gobierno sino fundamentalmente es un sistema cultural donde tiene mucha importancia la forma de cómo nos relacionamos política y socialmente. Por ello decir que eres demócrata exige tener siempre presente los derechos humanos y la dignidad de las personas. Y esto para ser real debe trasladarse al comportamiento en forma de valores (hábitos) fuertes que sepan dominar las emociones y pasiones negativas. Y se debe traducir en habilidades de escucha, empatía y capacidad de entender al que es diferente, estando por delante su dignidad personal sobre sus opiniones, actitudes o distancias culturales.

Valores y derechos democráticos conforman una cultura política que dirige a los ciudadanos y ciudadanas hacia comportamientos más íntegros y hábitos de convivencia más justos, respetuosos y tolerantes. Y de esta forma las personas van afinando sus intereses y afianzando las relaciones estables con sus conciudadanos en la búsqueda conjunta del bienestar social. El principal sentido de la democracia es conseguir que los soberanos, los dueños de ella, es decir, los ciudadanos tomen las riendas para dirigirlas a mejor puerto. Por eso es importante es tomar una posición activa de compromiso que pueda influir en el espacio público.

Por eso hablamos de cultura democrática como la capacidad de saber actuar ante los demás y con los demás en la construcción de una casa común con la política como herramienta. Se trata de activar la responsabilidad de compartir y resolver los problemas originados en el espacio público con la generosidad de ayudar a generar situaciones que mejoren la vida de todos, interviniendo en los trabajos públicos, léase políticos. La cultura democrática se adquiere estando atento a la realidad y vivir en ella. Está bien analizar el funcionamiento de las Instituciones públicas, las palabras y los hechos de los políticos/as profesionales y la evolución continua del escenario político y social.

En los estados donde el rol de las personas se transforma en ciudadanos por la aplicación de la política para gestionar los conflictos deben primar las razones que llegan fruto del pensamiento y la reflexión. Cuando se contamina de emociones o sentimientos la capacidad de la justicia y el bien común dentro de la sociedad queda disminuido porque los ciudadanos incorporan en sus razonamientos elementos más concretos, más personales y menos objetivos. Esto produce en todos los casos la creación de frentes peligrosos que van dividiendo a los ciudadanos que van retornando a agrupaciones más cerradas.

El compromiso significa la participación en las partes públicas de la sociedad como una ONG, una plataforma cívica o un partido político. En la sociedad civil o en la sociedad política, pero siempre con la voluntad personal de intervenir en el quehacer común.

La cultura política es el engranaje de la actuación pública en la que se puede destacar dos aspectos: Por un lado el cuerpo formado por las infraestructuras que contienen objetos como Instituciones, Parlamentos o partidos políticos y que son creadas para conseguir un funcionamiento eficiente de la sociedad democrática y por otro lado, el espíritu formado por los sujetos políticos que son los ciudadanos/as con sus creencias, ideologías, opiniones, valoraciones y actuaciones.

Existen muchas formas de participar y la mayoría no requiere una dedicación plena, sino una intención y participación pequeña. No hay que olvidar que el grado de participación en cualquier esfera va de menos a más según se van conociendo los medios y los fines que se van compartiendo. Tan importante es la participación de la ciudadanía para cambiar la sociedad como la experiencia que se adquiere en el proceso y que sirve para conocer los problemas sociales de manera directa y empaparse del funcionamiento de la sociedad y sus problemas. Por eso es tan importante dotar de valores sociales a los ciudadanos/as que les ayuden a desarrollar comportamientos personales alineados con el bien común, la convivencia y la participación en la sociedad.

En eso consisten las libertades políticas o cívicas. Todo ello encapsulado e interrelacionado con el mejor fruto de la democracia que son los derechos humanos. Xifka Heras (2010) define la cultura política a partir de los valores que desarrolla y que sirven como referentes importantes de las conductas humanas es "La cultura política comprende los valores, creencias y pautas de conducta relevantes para el proceso político que prevalecen entre los individuos y grupos de la sociedad".

Entre estos factores destacan los valores como los elementos más determinantes: "Del conjunto formado por los valores, las creencias y los patrones de conducta, los primeros representan quizás el tipo de componente fundamental. Es probable que el núcleo de la cultura política de una sociedad esté constituido por un pequeño sistema de valores muy básicos. Las creencias y pautas de conducta ocuparían según esto una posición más periférica."

Los valores son, pues, las principales columnas de todo el andamiaje que constituye la cultura política de las personas. Como así lo afirma Schwartz (2009), "Los valores representan ideales culturales: concepciones acerca de lo que es bueno o malo, deseable o indeseable. Subyacen en las normas, prácticas e instituciones, y contribuyen a fijar las preferencias, actitudes y conductas que los individuos ven como legítimas o ilegítimas –y que son estimuladas o desalentadas- en los diferentes contextos sociales".

Los valores sociales deben estar orientados a los valores democráticos surgidos de la revolución francesa ya que como señala Deustcher (1990). "Aquí los valores culturales y la controversia con otros sistemas políticos juegan un papel importante". Los valores tradicionales de una sociedad deben ser reemplazados en el mundo real de hoy en día, por la cooperación, el diálogo y el mutuo reconocimiento". Estos valores deben estar orientados a los tres valores que enarboló la revolución francesa y que deben formar parte de nuestra forma de obrar: Libertad, igualdad y solidaridad.

La cultura política edifica, por lo tanto, el escenario y la infraestructura política sustentados en los valores sociales. Primero como valores de pensamiento que intervienen en la ideología personal de cada persona y posteriormente como valores de acción que se traducen en hábitos prácticos que se incorporan al comportamiento habitual de la misma. De esta forma se transita del concepto pasivo de miembro de un grupo al concepto activo de ciudadano.

El problema de mayor dificultad que tiene una sociedad es el reparto del poder público, ya que realmente dibuja la forma en que deben comportarse sus miembros, en su lucha por el control social. Estos asuntos que interesan a los ciudadanos se agrupan en la palabra "polis" y se refieren al ámbito de la sociedad donde se organiza el poder. Y quien lo debe delimitar y organizar es la cultura política.

El cambio de enfoque radical y más en línea con las funciones de las culturas como agentes de cambio y factores de convivencia, surgió a partir de los años sesenta del siglo pasado cuando primero Almond y Verba (1963) y después Rawls (1970) se centraron en la ciudadanía y en las herramientas políticas que debería tener para legitimar el sistema político.

Rawls puso encima de la mesa la necesidad de enfocar la cultura política basada en una ética valorativa y superar la doctrina emanada del contrato social, elevando sus horizontes definidos por la descripción de los discursos políticos incorporando conceptos valorativos sobre el impacto de su implementación. Incorpora el concepto de "razón pública" que va a girar alrededor de la cultura política como eje central como sujeto del bien público. Para ello explica que los tres componentes activos de la razón pública son la ciudadanía libre e igual, cuando están tratando asuntos públicos en el espacio público o actuando en procesos electorales y con la premisa de comportamientos expresados bajo ideales de justicia política que la sociedad haya asumido como propios.

La finalidad esencial es determinar en qué condiciones cada persona de transforma en ciudadano y de esta forma pueda verse libre e igual que los demás y pueda asumir una identidad pública desde su identidad privada. De esta forma transita desde la moral de lo bueno y lo malo hacia el debate de valores políticos más concretos y medibles. Este giro, más cercano a la realidad, obliga a incorporar otra variable importante que suele estar escondido en el debate y no es otra que la educación para capturar esos valores políticos y construir una sociedad más justa y equilibrada.

Por otra parte la democracia determina los principales hitos de la organización política de una sociedad, entre ellos el propietario de la soberanía y el ordenamiento político en el que se incluyen las Instituciones, la definición de las estructuras y las normas de funcionamiento. Pero tan importante como ello es determinar quién puede ejecutar esas medidas y cómo se deben realizar. Las reglas de funcionamiento por muy exactas que sean no son capaces de imaginar todas las posibilidades reales que pueden ocurrir y mucho menos la forma de resolverlas.

En este sentido el resultado final depende de ambos factores, de una parte de lo que dice la democracia como estructura y ordenamiento de la actividad pública y de otra de lo que hace la política al poner en funcionamiento la maquinaria pesada de la democracia y trasponer a la realidad su diseño teórico y la pericia de los actores que la ponen en funcionamiento.

Además se deben añadir las limitaciones de la clase dirigente en el pilotaje del navío, ya que los actores políticos que intervienen buscan en mayor medida obtener resultados que les permitan seguir manejando el puente de mando de la política que respetar las normas y reglas que se desprenden de un justo funcionamiento de la democracia.

1.4 LA ESTABILIDAD Y LA ADAPTACIÓN DEMOCRÁTICA

La democracia, como mecanismo humano con vocación de permanencia, necesita unos firmes cimientos para poder afianzar las instituciones políticas y garantizar unas reglas de juego que permitan un funcionamiento público seguro, conocido y estable. Por otra parte debe adaptarse al cambio social para adecuarse a las continuas necesidades de la sociedad y debe realzar su crecimiento de una manera ordenada y segura. Para ello es necesario establecer controles y alertas que permitan detectar a tiempo los conflictos generados en la lucha por el poder y desarrollar herramientas que fortalezcan los comportamientos personales, políticos y sociales para poder resolverlos.

Esta dicotomía entre rigidez y actualización o entre permanencia y cambio tiene especial impacto en las leyes constitucionales que definen el ordenamiento político. Las constituciones determinan, como leyes supremas, la organización y funcionamiento de las instituciones del estado y por eso deben tener vocación de permanencia para asegurar su estabilidad y certidumbre. Por eso señala Ferreres Comella (2000) que "La rigidez constitucional asegura entonces la estabilidad de la opción elegida. Es más importante tener establecida una determinada estructura de gobierno, que la mayoría parlamentaria de cada momento no puede alterar, que mantener abierta la posibilidad de discutir y votar constantemente cuál es la mejor estructura de gobierno con la que dotar al país".

Por otra parte las constituciones también contienen los derechos y libertades fundamentales de la ciudadanía que sufren de manera permanente mejoras, incorporaciones y actualizaciones que son demandadas de forma apremiante por la sociedad. Estas demandas marcadas por una justicia social exigen una modificación rápida de la constitución para poder ser reconocidas y protegidas por los poderes públicos. De esta forma se abre la necesidad de la flexibilidad de la constitución para incorporar esos derechos y libertades que van surgiendo con el progreso de la sociedad.

Como también señala Ferreres Comella (2000) "En materia de derechos y libertades, sin embargo, la cosa es distinta. Aquí parece que el valor de la estabilidad debe ceder ante el imperativo de alcanzar la decisión justa. En este contexto, la rigidez constitucional puede parecer excesiva: si las mayorías parlamentarias actuales consideran que determinada decisión adoptada en el pasado en materia de derechos y libertades es errónea, ¿por qué debe obstaculizarse su modificación?".

Sin embargo parece que la batalla entre las dos disposiciones de la constitución parece inclinarse, en general, a favor de la estabilidad marcada por su rigidez relegando su adaptación hasta que las situaciones importantes pasen a ser urgentes. Por esa razón la adaptación constitucional para permitir resolver los problemas de crecimiento de la sociedad suele ir desfasada y tardía. El sistema político, por lo tanto, suele ser de los últimos sistemas sociales en ser actualizado y por ese motivo es tan ineficiente para resolver los problemas reales de la sociedad.

Elaboradas las constituciones para definir un escenario estable y con certidumbre para garantizar el camino por donde deben transitar los agentes sociales y los cargos públicos, en demasiadas ocasiones esa garantía se vuelve en contra quedando desfasado el escenario previsto y alejado de la realidad social que modifica continuamente la sociedad. Las limitaciones legales relacionadas con las reglas para su modificación impiden muchas veces su adaptación a la realidad y aunque la ciudadanía quiera incorporar cambios obvios el paso previo obliga a que una mayoría reforzada permita aprobarlo antes de realizar un referéndum popular.

El procedimiento de modificación constitucional es bastante complejo y estricto para mantener esa rigidez garantista. En el suele exigirse la aprobación cualificada de varias instituciones políticas (Congreso y Senado) y la ratificación final de la ciudadanía en referéndum. Estas exigencias definen un camino lleno de obstáculos que, en muchas ocasiones, impiden incluso el inicio del procedimiento por diferencias políticas o estrategias de partidos.

Por lo tanto el primer inconveniente importante es la facultad exclusiva que disfrutan los partidos políticos de iniciar el procedimiento. Sin su aprobación queda cerrada la puerta del cambio constitucional. Si a eso le añadimos la necesidad de acuerdo previo de los principales partidos para alcanzar la mayoría cualificada las dificultades se ven aumentadas de manera apreciable. El grado de dificultad se va aumentando cuando la proporción de los partidos en las cámaras presenta geometrías distintas. Todo ello aderezado por la necesidad del acuerdo del contenido (incorporar, modificar o suprimir) que se va aprobar. Estas grandes dificultades apenas existen para su aprobación por la ciudadanía que en todos los casos es afirmativo. No hay que olvidar que las democracias existentes son todas representativas y la ciudadanía suele estar apartada del escenario público.

Según decía Bertrand Russell el poder es el concepto central en las ciencias sociales de igual modo que la energía lo es en las ciencias físicas. En prácticamente todas las relaciones humanas subyace una relación de poder que explica muchas causas de los efectos observables. En mayor medida está presente en los sistemas políticos donde el poder es el eje central de la política y la guía de acción regulada por la forma de gobierno.

Los partidos políticos, la sociedad civil y la ciudadanía son los principales y reconocidos agentes en el sistema político, aunque hay que tener en cuenta la influencia, quizás más opaca, de otros grupos y lobbies económicos que se sitúan cerca del poder público. Todas las democracias actuales son democracias representativas y por lo tanto el agente principal en el sistema político son los partidos.

Conflicto, poder y control son los tres conceptos más importantes que están presentes en las relaciones sociales y que deben estar armonizados para lograr soluciones sólidas, duraderas y de justicia. El poder implica una relación desigual entre dos partes, la que manda y la que obedece y por ello es el principal factor de conflicto. El punto más complejo se encuentra en la lucha permanente para imponer un control suficiente a los cargos públicos que gestionan dichos poderes.

Este es el escenario actual que vive la realidad política y que llena de riesgos e incertidumbres el devenir de las democracias representativas y eleva de manera peligrosa el enfrentamiento entre partidos y ciudadanía. Este conflicto enquistado que ha ido aumentando a lo largo de los años sigue deteriorando las relaciones sociales y la confianza política de tal forma que está generando un distanciamiento entre gobernantes y gobernados, entre partidos y ciudadanía.

Al final este tipo de enfrentamientos entre quien gestionan el poder y quienes se sienten con el derecho de su propiedad suele saldarse de formas diferentes: la revolución o la colaboración entre iguales. La primera se utilizó para traer la democracia moderna a través de luchas permanentes durante siglo y medio y esperemos que sea la segunda forma la que se utilice en la sustitución de la democracia representativa por una democracia delegativa. Estos conflictos deben reconducirse a través de unas reglas de juego y unos mecanismos de control realistas y eficientes.

Pero el control político no es suficiente para limitar los conflictos. Es necesario, además, desplegar mecanismos democráticos que permitan aumentar la participación política de la ciudadanía y que se articulan alrededor de tres cuestiones que son capitales: La estructura política, la cultura y la libertad.

La política es la lucha por el poder dentro de la sociedad y necesita construir una infraestructura que lo sustente y, de esta forma, construir una legitimidad en la forma de ejercerlo. Sin duda la estructura es influyente en la forma de entender la política y en las creencias y perspectivas del escenario político. Es el corazón del sistema político y donde la democracia, como forma de gobierno, debe ejercerse. Por eso es muy importante analizar las principales variables, mecanismos, procesos e instituciones que ayuden, en mayor o menor medida, a diseñar una democracia más robusta o más débil, más participativa o más rígida, más estable o más desequilibrada.

La cultura como forma de relacionarse y vivir en la sociedad influye de manera sustancial en los valores, costumbres, creencias y comportamientos de sus componentes, ya que la historia común influye especialmente en la forma de entender el mundo y en las expectativas que se pueden construir. En su faceta formativa permite aumentar el conocimiento y el saber de la sociedad.

La libertad determina el ambiente donde se desarrolla la democracia. Es el principal motor del crecimiento de la ciudadanía, que son los únicos soberanos de la democracia. Su principal valedor es el reconocimiento y la aplicación real de los derechos humanos que permiten ejercer como verdaderos soberanos a la ciudadanía a través de activar su participación, para construir y desarrollar una democracia donde todos y todas puedan ejercer su responsabilidad y su derecho político en forma de acciones públicas. Por eso es imprescindible que esté reconocido y defendido en una Constitución.

El fin principal de la conjunción de estos tres elementos es incorporar de manera efectiva y real los valores básicos que cualquier democracia debe transmitir y que son la libertad, la igualdad y la fraternidad, ejes principales de las relaciones humanas. Son tres conceptos muy delicados y apegados a la sociedad por lo que están en constante cambio y si el sistema político no es capaz de ser lo suficiente flexible para adecuarlos a la realidad, los preceptos legales se volverán un ancla pesada que dificultará el ritmo adecuado de avance para fortalecer la sociedad y desequilibrará el acoplamiento y sintonía entre la sociedad y la democracia, en vez de ser un elemento de equilibrio social.

1.5 LA DEMOCRACIA REPRESENTATIVA Y SUS DEBILIDADES

La principal característica de la democracia representativa respecto de otros tipos de democracia se refiere a que la intervención en la política está restringida a los representantes elegidos por la ciudadanía. En una especie de contrato social la ciudadanía cede la legitimidad de la soberanía a representantes elegidos en las listas que presentan los partidos políticos y otras agrupaciones. De esta forma ceden la dirección y la gestión del poder político a los partidos y por ello se habla de democracia de partidos.

La democracia representativa es, pues, una democracia de transición donde las élites no terminan de dejar sus privilegios de gobierno y la ciudadanía no termina de alcanzar la propiedad del poder político. Es como una especie de regencia política hasta que el verdadero soberano cumpla la mayoría de edad. Se basa en que la gestión de los poderes públicos y en última instancia el Estado se realiza a través de la representación política.

Por eso esta democracia es un tipo de democracia indirecta. En este sentido la representación política significa la cesión temporal del usufructo de la soberanía a unos representantes para realizar la gestión pública de los poderes del Estado. Esta circunstancia genera una gran cantidad de riesgos que están incrustados en su núcleo estructural y que pueden desviar su progreso hacia metas peligrosas o sencillamente no deseadas. Estamos hablando de riesgos de estructura que definen la afinación y el equilibrio de su mecanismo de interacción interna y las pautas de comportamiento para relacionarse con el exterior. Es decir, de la arquitectura de sus Instituciones y de la normativa de sus leyes.

El grupo de riesgos relacionados con la Estructura representan los principales indicadores de medición de la calidad de la democracia, ya que evalúan la solidez de las columnas maestras del sistema democrático y el ordenamiento del Estado que gestiona los tres poderes políticos.

Por lo tanto cualquier deficiencia que le impida soportar el peso de la carga del Estado de manera eficiente, produce un debilitamiento de la democracia que puede poner en peligro los propios principios y valores que la sustentan y al final podría colapsar la misma democracia. Vamos, por lo tanto, a detectar riesgos reales o potenciales que pueden ocurrir en la estructura de una democracia representativa.

Tanto la arquitectura de sus instituciones como la normativa de sus leyes deben representar los principios básicos de una democracia, es decir, soberanía popular, separación e independencia de poderes políticos, elecciones justas y Estado de derecho.

La aplicación de la soberanía: del dicho al hecho.

La ciudadanía es la detentadora de la soberanía política de la sociedad. Es el dueño absoluto del poder político y todos los grupos y agentes políticos están sujetos a la opinión y criterio de ella. Es el primer y principal mandamiento de una democracia real que define la frontera con las autarquías, las dictaduras y otras formas de gobierno controladas por una oligarquía o un tirano.

A continuación se debe analizar la manera de cómo debe implementarse en el ámbito político, es decir, su aplicación efectiva en la realidad. Bien de manera directa por la ciudadanía, bien de manera indirecta a través de representantes. Estamos hablando de dos funciones complementarias, primera la extensión aplicativa de la libertad política de los soberanos y segunda la selección y la graduación del control sobre los representantes que se eligen para gestionar la compleja intervención de los poderes públicos.

La independencia y el equilibrio efectivo de los poderes.

El cambio del poder de la monarquía a la burguesía se basó en la división del poder, real que era total y extraordinario, en tres partes para limitarlo y buscar un equilibrio de contrapoderes entre ellos: Legislativo, Ejecutivo y Judicial.

El poder Legislativo sería el encargado de hacer las leyes y vigilar la labor del gobierno; El poder Ejecutivo se encargaría de ejecutar las acciones emanadas de los mandatos del Legislativo y finalmente el papel del poder Judicial sería verificar que las leyes se cumplían. En España están formados, según la Constitución Española, en el Legislativo por las Cortes Españolas (Congreso de los Diputados y Senado), en el Ejecutivo por el Gobierno de España y en el Judicial por los jueces y magistrados (cuyo máximo órgano es el Tribunal Supremo) dirigido por el Consejo General del Poder Judicial.

La regla de funcionamiento de los poderes debe regirse por los siguientes principios:

- El Legislativo por el principio de realidad social
- El Ejecutivo por el principio de eficiencia y profesionalidad
- El Judicial por el principio de justicia social

Además de los poderes del Estado (los tres poderes políticos) se han ido incorporando a la sociedad nuevos poderes que influyen de una manera importante en el funcionamiento de la sociedad. El llamado 4º poder representado por los medios de comunicación y el 5º poder representado por la sociedad civil, asociación de los ciudadanos y ciudadanas, cuya influencia se ha disparado gracias a la expansión de Internet y las redes sociales.

La independencia de los tres poderes es la condición básica evitar que el poder absoluto vuelva a recaer en manos de una persona o un grupo de ellas y se vuelvan a revivir regímenes absolutistas. Esta independencia de poderes debe venir acompañada de una fuerte conexión entre ellos para que puedan funcionar como verdaderos contrapoderes entre sí, a través de una vigilancia activa que garantice un espacio de equilibrio neutral que limite el alcance de cada poder sin menoscabo ni usurpación de ninguno de ellos respecto de los demás.

Los riesgos de este apartado están relacionados con la ruptura de ese equilibrio y la sobredimensión de un poder que pueda usurpar funciones que correspondan a otro poder. Y de esta forma conseguir un mal funcionamiento de la democracia que puede dirigirse hacia caminos más oscuros que impidan actuar correctamente los mecanismos básicos democráticos.

La selección de los representantes públicos

Las elecciones políticas para la elección de los cargos políticos que gestionarán los tres poderes del Estado, de los que la sociedad es soberana, deben de gozar de tres propiedades importantes para que sean justas: ser universales, libres y ponderadas. Para ello hemos creído conveniente describir y analizar los principales elementos que más influyen en el funcionamiento del mecanismo electoral.

Ser universales: Sufragio universal

Las primeras democracias modernas en el mundo occidental tenían elecciones con un cuerpo electoral restringido donde solo podían votar determinados grupos sociales. Es el llamado sufragio censitario en el que votaban solo los hombres que cumpliesen una serie de requisitos de nivel de instrucción, de renta y de clase social.

Esta restricción fue la norma habitual durante casi todo el siglo XIX hasta que se implantó el sufragio masculino a partir del último tercio de ese siglo. En España llegó en 1890.

Con la llegada del siglo XX las mujeres reclamaron públicamente eliminar esa discriminación y se inició el fenómeno del sufragismo. El domingo 21 de junio de 1908, más de 250.000 mujeres procedentes de todo el Reino Unido y de Irlanda se congregaron en las calles de Londres para exigir su derecho al voto en una manifestación sin precedentes. Ese mismo año se creó la Liga por la Libertad de la Mujer. El movimiento sufragista surge, pues, en países capitalistas, con clases medias fuertes y principios democráticos. Los Imperios centrales (austro-húngaro, alemán, turco) tuvieron que esperar hasta su derrota en la Primera Guerra Mundial, y Rusia, a la Revolución comunista. En general, en Europa, el movimiento sufragista fue muy anterior y mucho más fuerte en los países protestantes (Reino Unido, Escandinavia) que en los católicos (España, Portugal, Italia).

Finalmente se implantó el sufragio universal incluyendo en el cuerpo electoral a todos y cada uno de los ciudadanos que cumplan los requisitos habituales de cualquier democracia (mayoría de edad, no estar incapacitado, ni estar inhabilitado para realizarlo).

Durante la primera mitad del siglo XX se fue implantando en los principales países occidentales para posteriormente alcanzar al resto de países americanos, africanos y asiáticos. Hay que remarcar que en EE. UU. las mujeres negras no pudieron votar hasta 1968 y que en Portugal no se extendió a todas las mujeres hasta 1971 (si bien podían votar las mujeres concierto nivel de instrucción desde 1931). Este requisito se cumple, hoy día, en la práctica totalidad de las democracias mundiales.

Año del derecho al voto femenino por países.

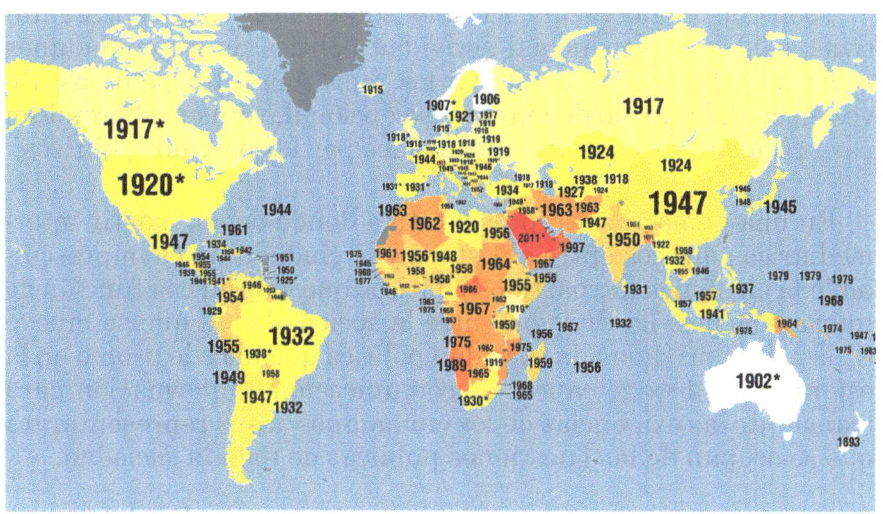

Fuente: Marta Sader 7 de marzo de 2023
https://www.traveler.es/viajeros/articulos/este-mapa-muestra-el-ano-en-el-que-las-mujeres-consiguieron-derecho-a-voto-en-cada-pais/17503

Ser libres: Libertad y pluralidad de partidos políticos

Segundo la seguridad de que se puedan desarrollar en un entorno de libertad para que los electores puedan recibir la información de todas las fuerzas políticas en una campaña política con igualdad de oportunidades de todos candidatos.

Además debe existir suficientes y diversas ofertas políticas con la única limitación de ser democráticas. Para ello es necesario una pluralidad de partidos y asociaciones políticos que son los encargados, en una democracia representativa como la actual, de diseñar y presentar las listas de candidatos a representantes en las distintas elecciones que pueden existir.

Para que la democracia cumpla los objetivos anteriores necesita actores políticos que los cumplan. La clase política es la encargada de ello. Y la pluralidad de partidos políticos garantiza que todos los grupos de ciudadanos estén, en primer lugar, representados en esos partidos para garantizar que su voz, sus necesidades y sus anhelos no queden ocultos y faltos de voz.

Todas las democracias actuales son democracias representativas, es decir, la principal actividad política de los ciudadanos se basa en la acción de votar a los representantes políticos. De vez en cuando, y solo de manera excepcional, vota en referéndum para ratificar los acuerdos alcanzados por los partidos políticos.

En una democracia representativa donde deben existir intermediarios políticos entre el Estado y la ciudadanía es imprescindible la existencia de partidos políticos que cubren esa función de intermediarios. La división entre la sociedad civil que se mueve en la esfera privada y la sociedad política que hace lo propio en la esfera pública exige cauces de comunicación e información para transmitir las exigencias de los ciudadanos a sus representantes que se ocupan de las cuestiones públicas de toda la sociedad.

Los partidos políticos por lo tanto representan determinados intereses cada vez más generales ya que el sufragio universal alcanza a toda la sociedad. La pluralidad política, sin embargo, donde estén representados todas las necesidades e intereses por reducidos que sean los colectivos es una condición necesaria para garantizar la plena democracia.

Ser ponderadas: Mecanismo de elección de representantes

Además, para que los representantes públicos sean legítimos se debe respetar al máximo el mecanismo de ponderación de transformación de votos a escaños para que los elegidos tengan un número de votos semejantes. Es clarificador señalar que los mecanismos de representación, es decir, la conversión de los votos en escaños, presenta en muchos países al menos dudas razonables, ya que el ideal democrático no solamente se basa en que todos podamos votar sino que cada voto tenga la misma importancia a la hora de convertirlo en representante.

El sistema electoral es el mecanismo que transforma los votos ciudadanos en representantes electos. Utilizando filtros intermedios como las circunscripciones, la obtención de restos o el porcentaje mínimo para entrar en el reparto, el sistema electoral premia a los partidos más grandes y asentados y castiga a los nuevos y a los más pequeños. De esta forma prioriza la gobernabilidad sobre la pureza de la representación. Esta es la razón principal de la existencia del bipartidismo en la mayoría de los países democráticos. Si bien parece que los dos primeros apartados (sufragio universal y libertad y pluralidad de partidos políticos) están implantados de forma robusta en nuestra democracia, el mecanismo de elección es manifiestamente mejorable y contiene muchos riesgos de mal funcionamiento. La definición de las unidades electorales, la relación de votos por representantes y las limitaciones de acceso y reparto pueden ser factores que limiten o impidan un justo reparto de representantes.

El estado de derecho

Una democracia es una forma de gobierno regida por leyes que no solo sirven para juzgar los comportamientos de sus ciudadanos y ciudadanas, sino también para juzgar los comportamientos del propio Estado y sus Instituciones. El imperio de la ley significa en sus términos generales que todos los componentes de la democracia, gobernantes y gobernados deben cumplir los preceptos y normas que determinan sus límites y sus actuaciones. El imperio de la ley debe ser tan extenso que no solamente debe regir el espacio público sino, también el espacio privado y, en ocasiones, la intimidad más profunda se sus miembros, siempre que puedan dañar a terceros o a ellos mismos. Por el contrario deben garantizar las libertades públicas y privadas de sus miembros para que puedan convivir en paz y crecer como personas sin limitación alguna.

Esta gran dicotomía dificulta encontrar el justo término medio en muchas ocasiones y por ello las leyes deben ser promulgadas por los legítimos representantes de la sociedad y cada vez, en mayor medida, con la participación de la ciudadanía y la sociedad civil, para de esta forma aumentar la garantía de construir una sociedad a imagen y semejanza de sus miembros, de sus deseos y sus necesidades.

No se trata de construir una sociedad ideal, sino que sea fiel imagen de la sociedad que quiere su ciudadanía y para eso es imprescindible que la participación de sus miembros en esa construcción sea apreciable. Los principales riesgos están relacionados con los derechos humanos núcleo central de la democracia y la obsolescencia de las normas legales.

Protección de los Derechos Humanos

La democracia también está sustentada con la fuerza de los Derechos Humanos que deben ser defendidos y respetados en cualquier caso. Desde los Derechos del Hombre y del Ciudadano, aprobados por la Asamblea Francesa en 1789, hasta los más cercanos de la Declaración de los Derechos Humanos por parte de las Naciones Unidas en 1948, se consagra el respeto de las personas que nacen con estos derechos inherentes para preservar su dignidad.

Los derechos humanos no solo deben estar protegidos en la Constitución sino que deben estar implementados y potenciados en las leyes ordinarias que los desarrollan. Además primero las leyes y luego la Constitución deben estar abiertas para incorporar nuevos derechos ciudadanos que van surgiendo y consolidándose en el avance y transformación permanente de la sociedad que va diseñando nuevos conceptos y nuevas visiones y metas en ese caminar infinito.

Los riesgos aparecen por acción o inacción de los poderes públicos. Unas veces promulgando leyes que limitan la aplicación de un derecho o libertad pública y otras veces impidiendo consolidar reclamaciones de nuevos derechos y libertades que exige la ciudadanía. Esta forma de actuar es indicador clave para comprobar la apertura de los gestores políticos a las reivindicaciones de la ciudadanía.

La obsolescencia de las normas

La estructura de la democracia está recogida fundamentalmente en su Constitución. Una ley que por definición tiene vocación de permanencia pero no de inalterable. La Constitución española tiene una antigüedad de más de cuarenta años y salvo un par de matices no ha sido nunca modificada.

La razón principal es la necesidad de una mayoría reforzada de votos en el Parlamento para que se pueda modificar que de hecho significa el acuerdo de al menos los dos principales partidos PSOE y PP. Y tal como están las relaciones entre ellos parece que el acuerdo es imposible en el corto o medio plazo. Hay que recordar, no obstante, que todas las Constituciones aprobadas anteriormente desde la primera de 1812 nunca fueron modificadas ya que sencillamente fueron sustituidas por otras nuevas. Esto generó una falta de continuidad política y progreso acumulativo y una continua vuelta a la casilla de salida.

Este conflicto entre permanencia y actualización es un riesgo de difícil solución que obliga, en muchos casos a disponer de un sistema político obsoleto y anticuado incapacitado para resolver los problemas actuales de las sociedades y pone al descubierto su inadaptación y su falta de eficacia para ordenar la vida política. Como señala Gurutz Jáuregui (1996): "El desfase entre la sociedad civil y las instituciones, entre la constitución formal y la constitución material, resulta lisa y llanamente abismal.

Mientras que la realidad social, política, económica, cultural, tecnológica, etc. se apresta con decisión a afrontar los retos del siglo XXI, los vigentes sistemas políticos democráticos siguen anclados en los viejos esquemas decimonónicos o, en el mejor de los casos, en un sistema institucional diseñado en el primer tercio de este siglo para un mundo y unas realidades que poco o nada tienen que ver con el momento actual."

Principales obstáculos y problemas

Además de los potenciales riesgos internos estructurales también obstáculos y problemas que vienen inducidos por acontecimientos o factores externos. Algunos de ellos se generan internamente por la falta o imprecisión de delimitar el espacio público, otros por la interferencia de otros poderes externos que de manera indirecta influyen de manera apreciable en los gobiernos democráticos a través de prebendas o futuras promesas y otros por transformaciones sociales de carácter global.

Espacio público y privado: Las nuevas fronteras de la sociedad

Desde que existen las sociedades humanas, hace más de 25 siglos, en el centro del debate está la delimitación de los espacios público y privado, sobre el espacio de la colectividad y el espacio del individuo. Una frontera difusa y cambiante que permanentemente se ha ido modificando, por una parte privatizando lo público y por otra parte politizando lo privado. En el fondo es una lucha sobre el espacio donde actúa la política, es decir, el Estado y el espacio donde no se aplican las normas y las leyes que constituye el espacio privado e íntimo del grupo familiar y en última instancia de cada persona.

El objetivo esencial de la burguesía era terminar con los privilegios aristocráticos y delimitar los poderes del Estado que presionaban en exceso las libertades de los individuos, tanto personales como sociales o económicas, y ejercían una fuerza opresora a través de una carga enorme de impuestos y una justicia real claramente discriminatoria. Por eso nacen con una Constitución bajo el brazo que contiene claramente los derechos civiles y políticos de la ciudadanía y especialmente los relativos a la preservación de las libertades.

La actividad económica: Mercados, empresas y capitalismo

El sistema social abarca a toda la actividad que se desarrolle dentro de una sociedad. Dentro del sistema podemos diferenciar dos subsistemas que tienen un mayor peso en el desarrollo y definición de los objetivos y fines de la sociedad. Nos estamos refiriendo al sistema político y al sistema económico. Es evidente que un Estado se define preeminentemente por estos dos sistemas. Con el primero se determina como se crea la riqueza y con el segundo como se reparte.

Cuando la burguesía implantó una nueva sociedad no solo sustituyó a la clase dirigente del antiguo régimen definida por la monarquía y la aristocracia, sino que diseñó unos nuevos sistemas económicos y políticos enmarcados en los estados-nación. El sistema económico se desarrolló alrededor del capitalismo, que se basaba en la libertad de libre mercado y la posibilidad de transformar en productos todo aquello que pudiera ser objeto de compra-venta. El sistema político se construyó alrededor del nuevo concepto de democracia liberal que garantizaba las libertades personales de los ciudadanos que el Estado debería respetar estrictamente, trazando una línea roja entre lo privado y lo público.

La libertad económica y la libertad personal eran, pues, los objetivos esenciales de la clase burguesa que tomó el poder en las nuevas sociedades. Capitalismo y democracia liberal son, pues, dos caras de la misma moneda. La libertad de mercado está sostenida por las leyes, el poder del control del conflicto basado en la policía y la garantía de las normas marcadas por el Ejecutivo de la democracia liberal.

Los dos conceptos, capitalismo y democracia representativa, se han implantado casi al mismo tiempo y posiblemente desaparezcan conjuntamente. Esto no impide que puedan existir ambos sistemas por separado, aunque siempre con mayor fragilidad ya que el mayor equilibrio se obtiene cuando se apoyan mutuamente los dos sistemas. Existe capitalismo sin democracia como el caso de China o democracia sin capitalismo como algunos países pequeños. Pero siempre son excepciones que confirman la regla.

Lógicamente después de 200 años los sistemas vivos como las sociedades se han ido transformando, deteriorando, adaptándose para sobrevivir en el continuo cambio de tal manera que es muy probable que en la actualidad apenas sean reconocidos las esencias que determinaron su fundación, aunque sigan con los mismos nombres.

El capitalismo tiene, hoy día, grandes enemigos como la globalización, la tecnología digital y el protagonismo de los clientes y avanza, con la lengua fuera, en una dura competición donde se han ido incorporando nuevos competidores más ágiles y con menores mochilas del tiempo, que les permiten ir más rápidos y adaptarse mejor.

La democracia liberal también tiene que pelearse con nuevos acontecimientos producidos por los mismos enemigos que su compañero el capitalismo y esa interrelación íntima con el capitalismo, le está avocando a un cambio radical que está modificando su carácter liberal. La movilización de los ciudadanos y ciudadanas, que quieren ser protagonistas activos de la actividad social y política de sus sociedades, empuja a aumentar la importancia de lo público sobre lo privado.

Las grandes transformaciones sociales

A ello hay que sumar las grandes transformaciones que las sociedades occidentales y sus democracias están sufriendo en las últimas décadas con la irrupción de nuevos partidos y agrupaciones sociales, la progresiva implantación de una sociedad civil poderosa y la exigencia de la ciudadanía de una mayor participación real en la dirección y gestión del estado al grito de "no nos representan". Esta amalgama de situaciones, realidades y cambios en el sistema político pueden generar distorsiones en el tejido democrático y lo que es más grave en su propia estructura y forma de funcionar.

TEXTOS REFERENCIADOS

- Almond, Gabriel y Verba, Sidney (1963). The Civic Culture. Princeton University Press.

- Aristóteles (1999). Política. Editorial Gredos.

- Barón de Montesquieu. El espíritu de las leyes. 1748.

- Berning Prieto, Antonio David (2009). La división de poderes en las transformaciones del estado de derecho (I y II). Acceso en https://noticias.juridicas.com/conocimiento/articulos-doctrinales/4419-la-division-de-poderes-en-las-transformaciones-del-estado-de-derecho-i/

- Del Águila, Rafael (2003). Manual de ciencia política. Trotta.

- Deustcher, E. (1990). Ideología, evolución cultural y cultura política. Revista ABRA, 10(13-14), 275-278. Acceso https://www.revistas.una.ac.cr/index.php/abra/article/view/4458

- Ferreres Comella, Víctor (2000). Doxa cuadernos de filosofía del derecho. Número 23.

- Gurutz Jáuregui (1996). Problemas actuales de la democracia. Universidad del País Vasco. Working Paper n.119. Barcelona.

- Heller, Herman. "Political power" en Enciclopedia de ciencias sociales, tomo XII (citado por Jorge Xifra Heras "La sociedad política, estructura de poder y de sentido").

- Jorge, José Eduardo (2010): Cultura política y democracia en Argentina. EDULP. La Plata. Acceso en: https://cambiocultural.org/cultura-politica/concepto-de-cultura-politica/

- Kelsen, Hans (2002). Esencia y valor de la democracia. Editorial Comares.

- Melman, Camila (2011). Conceptos políticos, ideológicos e históricos que conforman la democracia. Revista política y ciudadanía. 22 de noviembre de 2011

- Oliván, Fernando (2017). Para una lectura radical de la Constitución de 1978. Escolar y Mayo editores.

- Rawls. John (1970). A theory of justice. Cambridge.

- Rousseau, Jean Jacques. El contrato social. 1762.

- Russell, Bertrand; (2008/1938). Power, Estados Unidos: Routledge.

- Schwartz, Shalom H. (2009): "Culture Matters: National Value Cultures, Sources, and Consequences", in Wyer, R., et al. Understanding Culture, Psychology Press, New York.

- Xifka Heras, Jorge (1964). La sociedad política, estructura de poder y de sentido. Revista de Estudios Políticos, número 137. Septiembre/Octubre 1964.

CAPÍTULO 2. EL PROBLEMA: LOS PARTIDOS SE APODERAN DEL PODER DEMOCRÁTICO

La democracia es una forma de gobierno que sitúa en su foco principal a la ciudadanía como propietario único del poder político que a su vez se sitúa por encima del resto de los poderes sociales. Esta situación genera conflictos con ciertos poderes tradicionales que creen legítimos sus privilegios, conseguidos a lo largo de los tiempos, y que no aceptan la soberanía popular. También los nuevos poderes surgidos de la sociedad de la información reclaman su parcela de poder presentando sus principales armas basadas en una sobredimensión y una globalización planetaria. Por eso los enemigos del poder constituido suelen concentrarse en los grupos anacrónicos y en los grupos emergentes, es decir, en los dueños del pasado y del futuro.

En el presente sus principales enemigos se encuentran, bien en la incorporación de actores políticos ilegítimos que se amparan en la opacidad para actuar o bien en algunos de sus actores legítimos que desbordan el papel democrático al que se deben ajustar y debilitan las raíces del sistema democrático. De esta forma puede surgir un grave conflicto político que desestabilice el frágil equilibrio del poder democrático en beneficio de alguna de dichos actores. Por una parte la incorporación al poder político de agentes ilegítimos desvirtúa el funcionamiento de la democracia y deteriora el funcionamiento de la democracia en el reparto de los resultados obtenidos por la sociedad. La dificultad de detección de estos "cuerpos extraños" impide extirparlos rápidamente y pueden terminar siendo huéspedes permanentes. Por otra parte la sobreactuación de los partidos político debilita la participación del resto de actores políticos y pone en peligro la esencia de la democracia que puede llegar a colapsar para ser sustituida por la llegada del autoritarismo.

El objetivo final de los partidos no es otro que utilizar el poder temporal que recibe de la sociedad a través de la elección de los representantes para transformarlo en definitivo y de esta forma orillar a la ciudadanía soberana. No importa que se vacíe de contenido a la democracia para terminar siendo un mero instrumento de poder de los partidos. Tampoco importa que los dueños de ese poder, según la Constitución de cada país democrático, sean despojados del núcleo esencial de la democracia que es la soberanía. Lo importante es que ese poder sea aprovechado en beneficio propio y los políticos se conviertan en los verdaderos soberanos del poder político diseñando una verdadera "democracia absoluta" donde la ciudadanía y sus derechos no tengan cabida ni posibilidad de ejercerlos.

El plan de acción desarrollado para hacerse con ese "poder absoluto" se desarrolla en tres etapas principales que a su vez se desglosan en una multiplicidad de actuaciones que, poco a poco, van horadando (según la RAE "Hacer en una cosa un agujero muy profundo o que la atraviese de parte a parte") la democracia distorsionando su funcionamiento y alejando a la ciudadanía del espacio público y del poder político.

Para argumentar correctamente el plan de acción que han diseñado, se analizan las tres etapas principales que lo conforman. Primero y fundamental apropiarse de la soberanía de manera absoluta y completa con el argumento falaz de que los representantes elegidos deben detentarla en el ejercicio de su función para aumentar su eficacia en sus actividades como cargos políticos y por ello limitaciones como el mandato imperativo es un impedimento para su ejercicio eficaz. Por ello surge la necesidad de una cierta "discreción" en la actuación pública para evitar malos entendidos (el fin justifica los medios, mientras no se conozcan) y que lleva aparejado una cierta traslucidez de la transparencia. Además se necesita un cierto distanciamiento de la ciudadanía para evitar influencias interesadas porque ellos trabajan con intereses generales y no deben incorporar los intereses particulares de los colectivos que buscan sus propios objetivos.

Una vez superado ese primer escollo se necesita acometer la segunda etapa que no es otra que limitar la participación de la ciudadanía y acallar su voz para que la opinión pública surja de fuentes fiables cercanos a la élite política y no se contamine de chismorreos o afirmaciones fuera de contexto o sencillamente interesadas. Por ello se debe limitar el espacio público a las voces autorizadas que velan por el interés general y que emanan de los poderes políticos, acallando la opinión ciudadana y la sociedad civil.

Para realizar la tercera etapa se necesita eliminar la autodefensa democrática de los contrapoderes, controlando los tres poderes políticos para despojarles de esta importante función equilibradora del funcionamiento democrático y así volver a gobernar bajo el cómodo y ancestral poder absoluto. De esta forma los partidos políticos se hacen los únicos dueños del poder constituido e instauran una democracia partidista a pesar de haber dañado la estructura democrática, modificando gravemente su funcionamiento y eliminado el protagonismo de toda la sociedad.

2.1 LA INFLUENCIA ACTIVA DE LA DEMOCRACIA

La democracia es un sistema vivo y en consecuencia una organización en movimiento. Esto explica que las interacciones internas entre sus elementos (ciudadanía) y la de éstos con entornos exteriores producen cambios en su propio funcionamiento y, como consecuencia, generan la transformación y evolución de sus estados, a lo largo del tiempo.

El funcionamiento del sistema político es función de los actores políticos que deben repartirse el poder y buscar la participación de toda la ciudadanía de manera personal o agrupada como eje vertebrador del progreso social. Estamos hablando de los partidos políticos, la sociedad civil y la ciudadanía a nivel personal.

En otro rango inferior, pero también influyente, hay que tener en cuenta a agrupaciones civiles de interés como los sindicatos, las asociaciones de empresarios, las cámaras de comercio o cualquier otra que tenga alguna relevancia social. Esta complejidad de actores políticos y sociales está regida por el principio de funcionamiento de la democracia basado en "la buena fe" de los actores y el nivel de confianza que se establece entre ellos.

La diversidad de actores sociales y políticos

La diversidad de actores sociales y políticos dificulta las fronteras de cada actuación política y genera la aparición visible y oculta de grupos y agrupaciones humanas de muchos tipos que generan una falta de visibilidad democrática y pueden producir una contaminación de su correcto funcionamiento. Por otra parte la bicefalia en el ejercicio del poder político entre propietarios (ciudadanía) y representantes (partidos políticos) aumenta, sin duda, la complejidad de funcionamiento y el riesgo de implementar un control eficiente de dichos representantes elegidos por la ciudadanía. Este río revuelto es caldo de cultivo para la incorporación de algunos "cuerpos extraños" que suelen reproducirse y adherirse a su estructura de funcionamiento, por tiempo limitado o permanente, y que suelen permanecer enmascarados para evitar que puedan ser descubiertos y eliminados del escenario. Por eso es fundamental mantener una actitud de alerta en la participación política para que solo puedan interactuar los legítimos actores y evitar la llegada de estos "cuerpos extraños", procedentes de otros poderes sociales, que se puedan adherir a su estructura para absorber parte de la energía y de la riqueza conjunta producida por la sociedad. Esto puede ocasionar graves deficiencias que desdibujen el equilibrio del escenario y llegar a producir un debilitamiento de la democracia al generar un funcionamiento degradado prolongado que ponga en peligro los propios principios y valores que la sustentan y termine por colapsar y precipitar su desaparición.

Estos "cuerpos extraños" utilizan técnicas sibilinas para simular formar parte natural del escenario y son muy difíciles de detectar y, en consecuencia, eliminar del sistema. Algunos de ellos se desconectan en el momento que consiguen su objetivo y desaparecen para siempre, pero otros muchos, con vocación de permanencia, se instalan como huéspedes prioritarios creyendo que tienen toda la legitimidad de vivir como parásitos dentro de la democracia, por los servicios prestados. Estos huéspedes permanentes suelen llegar desde poderes de otros tiempos que se fueron orillando con la llegada de la democracia.

La mayoría procede del poder económico que rememorando su triunfo sobre la monarquía siguen reclaman el diezmo del cambio social que la burguesía conquistó en batalla contra la aristocracia. Otros proceden del poder religioso que añorando tiempos pasados intentan recuperar el inmenso poder que llegaron a alcanzar en la Edad Media cuando los monarcas y los soberanos necesitaban para su legitimidad la bendición del papa católico. Incluso llega alguno residual que proviene del poder militar nostálgico creyendo que las armas, las guerras y las asonadas todavía siguen siendo útiles en la sociedad para restablecer el "orden natural" revirtiendo el poder popular como en lejanos tiempos.

La democracia en su intento de buscar estabilidad política realiza distintos tratamientos contra esos "cuerpos extraños" procedentes de poderes ya obsoletos. A los económicos los visibilizó con los lobbies, y de esta forma los grupos de presión tienen más difícil operar en la opacidad al aminorarse su presión a la luz del día. A los religiosos los fue agrupando alrededor de las iglesias limitando sus movimientos en la vida laica y reduciendo su capacidad de influencia impartiendo favores fiscales y subvenciones diversas y sobre todo garantizando su relación con la enseñanza. A los militares les ha rediseñado su trabajo de manera total. Si antes eran los profesionales de la guerra ahora son los profesionales de la paz, de la ayuda logística a terceros países, en catástrofes ambientales o grandes incendios.

Pero, sin duda, los "cuerpos extraños" más mortíferos son aquellos que forman parte mismo del sistema y que han generado una enfermedad autoinmune. Nos estamos refiriendo a los partidos políticos en su afán de conquistar todo el poder de la sociedad. El salto de representación de los intereses generales de la ciudadanía a los intereses específicos de los partidos es demasiado pequeño para que las tentaciones no lo superen fácilmente porque, al fin y al cabo, de manera directa e indirecta los partidos políticos gestionan los tres poderes políticos, es decir, el poder absoluto público. Y este dominio permite de forma precisa y sencilla hacerse con la propiedad del poder y erigirse en su monarca.

Por eso es tan necesario brindar extremadamente la independencia de los poderes y sobre todo evitar taxativamente que un mismo grupo pueda optar directa o indirectamente a gestionar más de uno de ellos. La única manera de conseguir poderes independientes es diferenciar actores distintos para cada uno de ellos. En los principios de la democracia moderna en el siglo XIX el poder legislativo era gestionado por el tercer estado (la sociedad), el ejecutivo por la aristocracia y el rey y el tercer poder judicial era un coto cerrado que se definía como neutral. De esta forma evitaban interferencias y tentaciones de que algún grupo hiciera trampas incorporando personas afines en distintos poderes.

Una fórmula tan drástica, distintos tipos de grupos para distintos poderes, facilitaría ese objetivo prioritario y principal de cualquier democracia basada en poderes independientes que a través de la función de contrapoderes sustentan el equilibrio y la esencia de la democracia.

El control sobre los representantes

El nivel de una democracia, también, está estrechamente relacionado con el control que exista sobre los representantes elegidos. Este nivel depende, en un principio, de dos factores. El primero la libertad que exista para elegirlos y el segundo las herramientas para controlarlos. En la mayoría de los países democráticos la ciudadanía se limita a elegir representantes, a través de elecciones periódicas, para gestionar las Instituciones del Estado.

Los representantes democráticos, por otro lado, tienen que ser candidatos presentados exclusivamente por los partidos o agrupaciones políticas porque tienen la patente constitucional de ser los únicos protagonistas activos del escenario político. Además los candidatos van ordenados en listas electorales que suelen ser cerradas y bloqueadas, es decir, no se vota al candidato sino a la lista electoral del partido.

En otro aspecto, en los países con regímenes parlamentarios solo existen listas electorales para el poder legislativo siendo nombrados los representantes para el ejecutivo y judicial de manera indirecta por los propios representantes de los partidos políticos. En los regímenes presidencialistas también existen elecciones para elegir al presidente del ejecutivo que, a voluntad, puede nombrar los representantes que ocuparán los ministerios.

En cuanto al control sobre los elegidos depende de tres factores. Primero del nivel de transparencia que exista de su trabajo, segundo de la amplitud de rendición de cuentas que deba realizar, tercero de la facilidad para poder revocar, sustituir o sancionar al propio representante por motivos claros y razonados. Este monopolio político por parte de los partidos políticos es un punto débil muy importante, porque al no poder controlar con autoridad externa sus actuaciones solamente existe la posibilidad de cambiar el voto a otro partido que puede funcionar de semejante manera.

Este privilegio les permite a los partidos actuar de manera indiscriminada y sin limitaciones y constituir una verdadera dictadura política a través del sistema de partidos tantas veces denunciado. La evolución de la democracia moderna en estos dos últimos siglos ha ido marcando el camino en este sentido, donde la ciudadanía cada vez va alcanzando a un mayor número de personas hasta conseguir el sufragio universal en la primera mitad del siglo veinte. Sin embargo las riendas del poder siguen estando en manos del capital que ha sabido utilizar el sistema político para nombrar, influir o recompensar a los dirigentes públicos para que gobiernen los estados en la dirección más adecuada para ellos y que no es otra que magnificar la libertad (del más fuerte) en detrimento del resto de los valores democráticos, igualdad y fraternidad.

La democracia se debilita cuando los poderes pierden la independencia, alguno de ellos consigue doblegar a otro o sencillamente es mero dependiente de aquél. Los partidos políticos, como veremos más adelante, han secuestrado la democracia al tomar posesión de manera directa o indirecta de los tres poderes y detentar, de esta forma, el poder político absoluto que les permite ser amos y señores del escenario público. Por eso sus relaciones preferentes están relacionados con los otros dos poderes más importantes como son el económico y el de la comunicación.

Las elecciones son un trago que deben pasar para seguir manteniéndose en el poder y por esa razón los sistemas electorales están preparados para que el gobierno resultante sea semejante al período "turnista" español donde solamente dos partidos políticos se disputaban el poder. El bipartidismo es el resultado de los mecanismos electorales diseñados para repartirse los escaños entre los partidos más representativos de las dos esferas económicas: derecha e izquierda. De tal forma que este criterio ha sido el principal para seleccionar el voto ciudadano a través de ideologías enfrentadas (socialismo y liberalismo).

Sin embargo, la cultura, la educación y las comunicaciones globales e instantáneas está permitiendo que la ciudadanía se vaya deshaciendo de esas rígidas ideologías para sustituirlas por las ideas propias que son más personales y libres que permiten reconocer una multitud de partidos y agrupaciones políticas que se aproximan mejor a sus expectativas. De esta forma el multipartidismo se está imponiendo al bipartidismo que al estilo de los viejos monopolios mira más a su propio ombligo que a las necesidades de la sociedad. Los partidos políticos clásicos, como grandes dinosaurios, van cediendo paso a las jóvenes gacelas más flexibles, rápidas y cercanas que saben adaptarse mejor a los grandes cambios que están gestando la nueva sociedad.

De igual manera las elecciones ciudadanas, donde los partidos políticos son juzgados por la sociedad, están limitados a un poder solamente, el legislativo, en los sistemas parlamentarios y se vota también al ejecutivo, aunque únicamente en la figura de un líder (que no un equipo), en los sistemas presidencialistas. Como es evidente la ciudadanía solo se le permite votar a través de papeletas que contienen las listas de personas nombradas por los partidos y que están cerradas y bloqueadas.

De esta forma un día la ciudadanía se activa para votar, a través de una campaña electoral donde se habla, se escribe y se visiona la importancia de la ciudadanía y, a continuación, les confinan a cuatro años de silencio fuera de la escena pública e ignorada totalmente por los "representantes de la soberanía". Esta es la democracia actual, la llamada "representativa", que tiene poco de democracia y demasiado de "representación" y donde los servidores públicos son los verdaderos señores que mandan y ordenan y la ciudadanía son los siervos que deben acatar lo que decidan sin poder replicar.

Los riesgos de funcionamiento (Democracia real)

El grupo de riesgos relacionados con el funcionamiento de la democracia se refiere a la implicación real de la democracia en la sociedad y, por lo tanto, la manera de cómo se afrontan los obstáculos y se superan las tentaciones que surgen en la navegación por el sistema social y como se resuelven los impactos e imprevistos que se puedan encontrar. De esta forma es necesario detectar y eliminar aquellos puntos negros que por su gravedad se deben erradicar de inmediato antes de que generen cuerpos extraños que deriven en actuaciones al margen de los principios democráticos.

También es necesario analizar la confrontación de los partidos políticos, en su función de gestores del poder político, con la ciudadanía, en su papel de soberano del poder político. Este conflicto es el que más puntos negros puede generar ya que contiene el núcleo potencial de los derechos con los que la sociedad puede vigilar el Estado a través del control efectivo de los gobernantes (integridad, transparencia y rendición de cuentas) y el derecho básico de participación proactiva de los representados que disfrutan de la propiedad integral y completa de la soberanía sobre los poderes políticos que están representados en el Estado.

Los principales riesgos de funcionamiento están relacionados con:

- La escasa concienciación ciudadana
- La sobreactuación de los partidos políticos
- Los limitados controles sobre el gobierno

La escasa concienciación ciudadana

El único grupo que puede limitar la acción de los partidos políticos y actuación en los gobiernos públicos es la ciudadanía. La fórmula democrática que determina las características de la cesión de soberanía de la ciudadanía a los partidos políticos marca el contrato social entre ambos protagonistas y el equilibrio de las relaciones comunes.

De tal forma que la lucha política de ambos contendientes acabará cuando se ajuste el territorio marcado por el espacio público. La ciudadanía cuenta con el escudo poderoso de la soberanía y las armas que están construidas con los derechos humanos y los partidos políticos cuentan con el escudo de su amplia experiencia como único sujeto político desde hace muchos años y con las armas conseguidas con su gestión continua del Estado.

A la ciudadanía le da la razón la estructura democrática, a los partidos políticos el funcionamiento democrático a través de la gestión pública. La única manera de restablecer el orden democrático es con la victoria de la ciudadanía y la retirada a sus campamentos de invierno de los partidos y a su función de simples servidores de la sociedad.

Para ello tiene dos ventajas que debe potenciar. Primero el número, ya que son inmensamente mayoría respecto a los militantes de los partidos y eso es un factor decisivo en una democracia. Segundo el arsenal que pueden conseguir para la batalla y que consiste en transformar los derechos humanos de los que son poseedores en armas democráticas de actuación inmediata en el espacio público. Para ello, sin embargo, deben tomar conciencia de que el futuro no está en el espacio privado sino en el espacio común donde la unión de todos/as se transforma en una fuerza invencible y esto debe tener el objetivo de invadir el espacio público y recuperar el poder sobre él.

Veamos algunos aspectos de estas cuestiones, aunque más adelante, en otros capítulos, expondremos algunas propuestas de actuación.

Libertad política

La soberanía de los ciudadanos debe ir acompañada de unos derechos civiles y políticos efectivos para poder ejercer dicha soberanía. Son aquellos derechos que sirven para que los ciudadanos puedan expresar libremente, ejercer y participar en la construcción de la democracia y el avance de la sociedad y, de esta forma, posibilitar, con todas las garantías, la participación en la vida política y en la toma de decisiones públicas.

Esta participación exige una labor de formación y toma de conciencia política de la ciudadanía, para tomar conciencia de la necesidad de actuar y conquistar el espacio público donde se debate la lucha democrática por el poder y la autoridad y lograr, de esta forma, que los procesos democráticos funcionen correctamente y se consolide la esencia de la democracia que se basa en el gobierno y soberanía de la sociedad.

Esta libertad así definida debe ir acompañada de herramientas sociales aplicadas, ya que sino la teoría sin práctica dará lugar a malas interpretaciones y búsquedas de caminos sin retorno. Por otro lado, la práctica, sin una teoría que oriente, instruya y determine el mejor funcionamiento, tenderá a avanzar sin objetivos ni metas hacia lugares desconocidos o dañinos, poco razonables y llenos de riesgos. Teoría y práctica deben ser perfectamente biunívocos para avanzar de manera homogénea y constante.

Sociedad civil

La democracia no puede existir ni progresar sin la sociedad civil y ésta no podrá ser influyente sin que la población esté activada y concienciada para actuar en defensa de sus derechos y libertades. De esta forma la participación ciudadana debe ser la principal impulsora de movimientos organizados para, de una forma racional y efectiva, hacer llegar su voz y su influencia a los procesos políticos.

Estas organizaciones ciudadanas, encaminadas sin duda alguna a aumentar el nivel de la democracia, permitirán disminuir la presencia e importancia de los partidos políticos y restablecer las fronteras democráticas que limiten su poder. Esta apertura del espacio público y la activación de la sociedad civil ha permitido la llegada de nuevos partidos, aumentando la competencia política, y la diversidad de votación. Esto hace más exigente la conquista del voto y da mayor libertad a los ciudadanos/as en su búsqueda del partido político que mejor represente sus ideas y sus intereses.

Los riesgos más graves se encuentran en aquellos factores de sobreactuación de los partidos políticos que limitan la participación ciudadana y con ello ponen en papel mojado la soberanía proclamada en la Constitución. Este enfrentamiento entre los dos agentes políticos (partidos y sociedad civil) cada vez más intenso y visible es uno de los riesgos más relevante de la democracia, ya que está en juego la soberanía de la democracia y su propia esencia.

La sobreactuación de los partidos políticos

Los partidos políticos son los principales actores del escenario político. Sobre todo porque se han erigido en los únicos gestores de los tres poderes del Estado y disponen de una infinidad de recursos para ejercer su poder. Son entes privados que ejercen funciones públicas y están formados por ciudadanos y ciudadanas de la sociedad sin exclusión.

Otra cosa distinta es cómo funcionan los partidos políticos, el tipo de democracia interna que practican y el nivel de profesionalidad de sus militantes que pueden dificultar el contacto real con la ciudadanía. Las dictaduras de cualquier signo siempre están significadas por la existencia de partido único ya que expulsan de la política a todas las ideas y a todos los ciudadanos que no sean fieles a los principios del grupo en el poder obtenido, también por unanimidad, por medios diferentes a las elecciones libres y justas.

Es cierto que la Constitución es un freno a su actuación y limita el alcance de sus poderes. Pero han sido tantos años de poder casi absoluto (más de 40 años) que la democracia se está resintiendo gravemente por su funcionamiento descontrolado. Como señala Joaquín Navarro (2003), magistrado de la Audiencia de Madrid, "Dos postulados esenciales presiden la realidad constitucional de cualquier Estado que se reclame democrático. Donde no hay separación de poderes, no hay Constitución. Donde no hay control del poder, no hay democracia. Una cosa es la división formal del poder y otra bien distinta su separación efectiva."

La democracia representativa como democracia indirecta desequilibra la relación entre los soberanos (ciudadanía) y los representantes (partidos políticos). Por eso el principal problema que se está creando viene derivado de las "democracias de partidos". La sobreactuación de los partidos en la política y en la democracia impide progresar al otro actor político que es la ciudadanía. El funcionamiento de la democracia se está desviando de su principal objetivo que no otro que el mayor protagonismo de la sociedad en la definición de su futuro y en la elección de la dirección a donde quiere conducir a la sociedad.

Los partidos políticos que llegaron a las democracias para optimizar su funcionamiento y enriquecer el camino del progreso, están empezando a ser parte del problema que se está incrementando en la sociedad. La crispación por el mal ejemplo político y el desinterés por conocer las necesidades de la ciudadanía están conduciendo a las personas a rechazar esas formas de gestionar la cosa pública a través de elecciones más emocionales que suelen caer en los populismos. El sentido racional a la hora de elegir representantes para que gestionen de manera profesional y eficiente el poder público está siendo sustituido por el sentido emocional de moverse con significados difusos como la patria o la bandera.

Los limitados controles sobre el gobierno

El manejo del poder es una gestión muy delicada. La tendencia natural de los dirigentes es el deseo de acrecentar su poder y eliminar cualquier traba que se pueda presentar. La soberbia y la vanidad son dos fuerzas internas que son difícilmente manejables cuando se está en la cúspide del poder. Por eso la malignidad del poder es algo con lo que siempre hay que saber luchar y que quedó bien presente en la célebre frase de Lord Acton (1949) ""Power tends to corrupt and absolute power corrupts absolutely" (La sombra de la corrupción está siempre presente). La denuncia de la tiranía como desviación en el ejercicio del poder ha sido realizada por muchos expertos y conocida en muchos países. Por eso es imprescindible poner controles que permitan vigilarla y contrapoderes que impidan que pueda establecerse. Las estructuras de poder que legitiman un gobierno deben dotarle de unas atribuciones necesarias para que pueda actuar con eficiencia y autonomía aunque delimitadas para evitar el abuso de sus funciones.

No hay mejor control que un escenario de actuación transparente donde se pueda observar el funcionamiento del poder y verificar las herramientas utilizadas para resolver los conflictos y repartir equitativamente las cargas y los beneficios obtenidos del trabajo conjunto de la sociedad.

Para ello es necesario disponer de distintos mecanismos democráticos, para lograr soluciones sólidas, duraderas y de justicia. Primero, que permitan prevenir o minimizar los conflictos generados en la aplicación de los valores democráticos buscando el equilibrio armónico de la libertad, la igualdad y la solidaridad. Segundo, que aseguren un poder público eficiente dotándole de recursos suficientes que permita generar mayor bienestar a la sociedad a través de una justa distribución de la riqueza. Tercero, diseñando contrapoderes y controles necesarios para impedir el abuso de poder y la rapiña de la riqueza pública que pertenece a toda la ciudadanía. Las herramientas democráticas que están a disposición de los cargos públicos están relacionadas con el buen gobierno, la transparencia de actuaciones, la calidad de los reguladores y auditores y el rendimiento permanente de cuentas.

2.2 EL PLAN DE LOS PARTIDOS PARA COLONIZAR EL PODER

Los partidos políticos han ido conquistando los distintos poderes encontrando los recovecos y las imprecisiones que el sistema democrático presenta. La flexibilidad, las posibles interpretaciones de las leyes y la creencia de la buena fe en las acciones políticas definen un territorio en permanente desarrollo pero que permite ser utilizado de manera retorcida.

La democracia, a diferencia de los regímenes autoritarios, minimiza las prohibiciones y obligaciones tratándolas con un carácter abierto y racional para permitir que se adapten en cada momento a los escenarios vigentes y las circunstancias reales que permita conseguir un progreso continuo y una sociedad avanzada que consiga el crecimiento personal y colectivo de su población.

Sin embargo cuando se silencia a la ciudadanía y se limita su participación y su capacidad para realizar la elección de sus representantes y el control de las instituciones el riesgo de degradar el funcionamiento de la democracia alcanza límites desconocidos. Todos aquellos resortes que, dinámicamente, sustentan el equilibrio de su funcionamiento se van debilitando o incluso desapareciendo, permitiendo que las columnas de su estructura política, representadas por los tres poderes políticos, vayan confluyendo hacia el poder absoluto y colapsando el propio edificio democrático.

Veamos algunas de los efectos que pueden producir algunas confusiones relacionadas con las características y el funcionamiento de los partidos políticos y que les permite un trato de favor para poder reinterpretar la democracia en su beneficio y desarrollar un plan de acción para colonizar el poder político de la sociedad robando la soberanía a la ciudadanía que es la propietaria del mismo.

Primera confusión: la definición jurídica de los partidos políticos

Todas las democracias políticas tienen un punto en común: la soberanía política de la sociedad pertenece a la ciudadanía. Y por lo tanto disponen en exclusiva de la propiedad del poder político global que alcanza a los tres poderes clásicos Legislativo, Ejecutivo y Judicial. Además esta propiedad es invendible por lo que no es posible traspasarla a nadie.

Los partidos políticos son los encargados, en la democracia representativa, de gestionar la política a través de representantes de estos. Su papel, por lo tanto, es fundamental en el sistema político de cualquier sociedad. Su objetivo principal es diseñar un edificio democrático consistente que sirva para alcanzar la finalidad esencial de una democracia, que no es otro que la ciudadanía pueda desplegar la soberanía que detenta en forma tal que pueda ejercer el poder político según sus intereses y ambiciones. Que le permita ser dueña de su futuro libremente. Esa labor tan fundamental debería ir acompañada con una estructura de partido que permitiera ser vitalmente democráticos, proactivos y empáticamente entregados al pueblo que representa pero que no sustituye.

Al analizar la definición jurídica de estas agrupaciones políticas se observa la paradoja de su naturaleza, la imprecisión de sus funciones, la falta de control de sus actuaciones y la opacidad de su financiación. Esto permite que pueda expandirse sin límite, retorcerse para alcanzar objetivos poco democráticos o actuar sin tener que dar explicaciones a nadie.

Decimos que su naturaleza es paradójica porque los partidos políticos son agrupaciones privadas que ejercen funciones públicas y esto trae una cierta complejidad en la forma de tratarlos.

Su relevancia es sustancial en la gestión del poder del Estado y sin embargo son personas jurídicas privadas.

Esta dualidad impide un tratamiento uniforme y dificulta la forma jurídica de su tratamiento, ya que disfruta de una dicotomía difícil de controlar. Por ejemplo la Constitución española señala esta dificultad, en su artículo 6, a través de una generalidad que dificulta su control: "Su creación y el ejercicio de su actividad son libres dentro del respeto a la Constitución y a la ley." Si tenemos en cuenta que son los partidos políticos los que diseñan y aprueban las leyes a través del poder Legislativo formado por sus representantes se puede dibujar un círculo vicioso difícil de resolver al ser a la vez jueces y partes.

Por otra parte este mismo artículo 6 de la Constitución legitima a los partidos como principales agentes de participación política sin poner a la ciudadanía como contrabalanza a la misma: "Los partidos políticos expresan el pluralismo político, concurren a la formación y manifestación de la voluntad popular y son instrumento fundamental para la participación política".

Esta legitimidad del sistema político a través de la hiperactividad y presencia de los partidos políticos ha ido poco a poco siendo socavada por la toma incontrolada y permisiva de los poderes públicos por parte de esos partidos embriagados de poder que van eliminando los contrapesos y las limitaciones legales para conquistar todas las instituciones y, en definitiva todo el poder político de la sociedad.

Segunda confusión: la estructura y funcionamiento de los partidos

Esta confusión se genera por la falta de claridad y concreción de su estructura y su funcionamiento.

Estructura difusa

La estructura de los partidos políticos y su forma de funcionar apenas es tenida en cuenta en la Constitución. En el mismo artículo 6 lo despacha con una generalidad: "Su estructura interna y funcionamiento deberán ser democráticos". Con la referencia existente del escenario democrático representativo donde los elegidos asumen toda la participación política, hurtando la propia de la ciudadanía, es lógico pensar que en los propios partidos ocurre lo mismo y por lo tanto la selección interna de representantes sigue los mismos cauces. No hay que olvidar que según señala Pérez Moneo (2012) "la democratización en los partidos serviría para limitar al verdadero soberano y, por tanto, se debería aplicar la misma lógica constitucional a estos sujetos políticos: limitar su poder y garantizar espacios de libertad al ciudadano".

Los partidos políticos como sujetos privados se pueden considerar como asociaciones y como tales se debería concluir lógicamente que han de gozar del mismo derecho de auto organización que aquéllas, es decir, deberían disfrutar de la capacidad de escoger libremente la estructura orgánica que mejor se adecue a sus objetivos y a su forma de ver la realidad política y establecer los procedimientos de funcionamiento que les permitan ser más eficaces en la consecución de sus fines.

Por igual motivo "Si se equiparan partidos y asociaciones, se debería asumir que cualquier intervención del Estado en la vida interna del partido sería ilegítima por cercenar injustificadamente el contenido esencial del derecho fundamental a la auto organización y, en el mismo sentido, se debería evitar que el legislador asumiera un papel paternalista". Como resume Flores Giménez (1998) «Cuanto más se subraye el carácter privado de los partidos, menor potestad de los poderes públicos para limitar o encauzar su organización y funcionamiento".

Funcionamiento democrático

Pero a diferencia del resto de asociaciones la Constitución les exige un funcionamiento democrático, aunque no señala el nivel de cómo debe ejercitarse. Es lógico este requerimiento porque son los principales actores de la democracia y sería escandaloso que no se aplicaran a sí mismos una estructura democrática, ya que sus representantes son los encargados de ocupar los cargos públicos de los tres poderes del Estado.

Es conocido que los partidos políticos tienen poco interés en limitarse y mucho interés a buscar la unidad y cohesión interna, plasmada en una jerarquía estricta, alrededor de una cúpula presidida por un líder para conseguir los mejores resultados en las elecciones competitivas. En consecuencia se alerta de esta disfunción en el funcionamiento de los partidos, y se ilumina una amenaza latente en la democracia. Como matiza Duverger (1969): «La democracia no está amenazada por el régimen de partidos, sino por la orientación contemporánea de sus estructuras interiores». Por esta razón y otras los partidos tienen una gran tendencia a terminar en la oligarquización interna, es decir, a concentrar el poder del partido en un pequeño grupo de personas (la cúpula) alrededor de un líder.

Las principales causas que lo determinan son según Pérez Moneo (2012) "una causa sociológica, la «ley de hierro de las oligarquías», la competitividad electoral y la profesionalización de la política". De esta forma los altos cargos del partido copan las plazas de mayor jerarquía en las instituciones del Estado. Los partidos políticos, remarca, son "gigantescos focos de poder político sometidos a unos engranajes de control democrático anémicos", lo que resulta sorprendente pues son corporaciones integradas en la estructura estatal que, sin embargo, han conseguido evadir los controles inherentes al control social.

Así, según explica Maroto Calatayud (2008) los partidos hacen uso de su estatus privado de asociaciones para evadir los diversos sistemas de control público, calificando como «asuntos internos» aquellas dimensiones de funcionamiento que prefieren no someter a control. Su especial cercanía a los poderes ejecutivo y legislativo les permite, hasta cierto punto, evadir el establecimiento de estrictos controles externos.

Kirchheimer (1966) define este modelo oligárquico a través de las características que se han implementado en los partidos políticos: "a) drástica reducción de la base ideológica del partido; b) fortalecimiento de los grupos de liderazgo, cuyas acciones se juzgan desde la eficiencia social y no desde la consecución de los objetivos del partido como organización; c) degradación del papel del afiliado; d) acceso a una variedad de grupos de interés; e) desmitificación de las diferencias sociales". La militancia partidista está prisionera de esta cúpula política y la única forma de ascender en el partido es a través de la obediencia y la lealtad incondicional.

En los últimos tiempos se ha pedido reiteradamente por los propios militantes y la sociedad en general la democratización real de los partidos a través de elecciones internas directas sin representantes intermediarios de las agrupaciones de los partidos para evitar listas oficialistas teledirigidas por la cúpula. Son las denominadas "primarias" donde todos los votos de la militancia tienen el mismo peso y valor. Sin embargo aún son pocos los partidos políticos que las utilizan sustituyéndolas por mecanismos enrevesados engrasados por la clase dirigente.

Aún queda en el recuerdo las primeras primarias realizadas por el PSOE en 1998 donde el secretario general Joaquín Almunia perdió ante el militante Josep Borrel para encabezar la candidatura a las elecciones generales y teniendo que dimitir ante la presión del aparato del partido. El triunfo de Zapatero en el año 2000 sobre el favorito del aparato José Bono para encabezar la secretaría general del partido fue otro resultado desfavorable para el sector oficialista pero lejos de eliminar este mecanismo la operación de primarias siguió vigente y hoy día goza de buena salud.

Ante el empuje y la crítica constante de la ciudadanía por hacer más democráticos los partidos, éstos con desgana y lentitud van poco a poco ventilando sus edificios vetustos para modernizarse y adaptarse a un sistema político que ha cambiado apreciablemente en los últimos años gracias a las redes y a la tecnología en general que permite una mayor amplificación de las voces de los militantes y de la ciudadanía en general.

Tercera confusión: la financiación de los partidos

Otro punto importante es la financiación de los partidos políticos. Siguiendo la ambivalencia privada/pública que presentan las agrupaciones políticas se traslada también a su financiación. En España los partidos políticos pueden recibir financiación de fuentes privadas y públicas. Según la ley orgánica 3/1987 se aprobó la financiación de los partidos donde se definía un sistema de financiación mixto con aportaciones del Estado y aportaciones de particulares tanto personas físicas como jurídicas. Más adelante y ante sucesos escandalosos se prohibió la donación de organizaciones empresariales para evitar la contratación de empresas por parte del Estado como compensación por los donativos realizados a los partidos. Posteriormente se eliminaron las donaciones anónimas y aquellas superiores a cierta cantidad (50.000 €).

El enjuiciamiento de algunos partidos por llevar en paralelo una caja B nutrida de donaciones ilegales hace pensar que la financiación de los partidos sigue un círculo vicioso difícil de resolver. Por esa razón, cada vez está más cercana la posibilidad de que se financien exclusivamente con dinero público para evitar relaciones ilegales entre los partidos y las empresas en base a la contratación pública a cambio de donativos en negro. De esta forma los partidos llevarían un control legal más exacto de sus ingresos y sus gastos no se dispararían al calor de ingresos extras privados difíciles de controlar.

Para hacerse una idea de las subvenciones públicas recibidas según el Ministerio del interior en el año 2016 (Portal de Transparencia del Gobierno de España 2017) superan los 56 millones de euros, donde los dos partidos más grandes (PSOE y PP) alcanzaron más de 30 millones de euros. Todo ello sin contar el dinero recibido por los representantes y cargos públicos de los partidos. La institución que controla dichas financiaciones es el Tribunal de Cuentas donde están presentes multitud de políticos ya que la selección de sus cargos y órganos colegiados está realizada por los propios cargos públicos que provienen de los partidos.

Los políticos hacen y aprueban las leyes y auto controlan sus finanzas por lo que raramente el Tribunal de Cuentas destapa cuentas difíciles de justificar o cargos mal asignados. Sin embargo muy a menudo los juzgados están llenos de políticos y partidos que han realizado acciones ilicitas como corrupción, prevaricación o malversación de caudales públicos. Por eso no es de extrañar que ante un escenario opaco y donde los partidos y sus dirigentes campan a sus anchas debido a la falta de control y transparencia consigan alcanzar cualquier objetivo en esa democracia de partidos donde han conseguido que la ciudadanía esté muda y ciega.

Aprovechándose de estas confusiones se han dedicado a colonizar todo el espacio público donde pueden actuar impunemente a través de las armas facilitadas por los poderes políticos que ellos mismos gestionan.

En primer lugar los partidos políticos han sabido como disponer de la soberanía política de una manera sibilina. Para ello han utilizado la característica principal de la democracia representativa donde el poder se ejerce por representantes elegidos por la ciudadanía. De esta forma el procedimiento empleado es dificultar la presentación de plataformas ciudadanas a las elecciones y, de esta manera, conseguir ser los principales actores que presentan y avalan las listas electorales cerradas y bloqueadas de candidatos para que el voto ciudadano se vea obligado a votar a los partidos y no a los candidatos que están rígidamente ordenados. Estos miembros de los partidos se erigen en representantes de la ciudadanía arrogándose el poder político sin apenas limitaciones ya que no tienen mandato imperativo alguno con sus votantes. Además este poder político transferido a través de las elecciones se torna permanente ya que se renueva periódicamente elección tras elección.

En segundo lugar se silencia a la ciudadanía para permitir un uso exclusivo de los poderes políticos bloqueando al único grupo legítimo que puede limitar la acción de los partidos políticos y actuación en los gobiernos públicos, que es la ciudadanía. Para ello limitan, condicionan y minimizan la libertad política ciudadana que es su núcleo del poder y la forma de estar presentes en las decisiones públicas. De esta forma se evita la presencia y participación de la ciudadanía en el espacio público y callar su voz ante posibles críticas y opiniones contrarias.

La inmensa mayoría de las democracias apenas permiten la participación ciudadana, quedando restringida a la votación periódica de los representantes de los partidos. Los referéndums solo pueden ser convocados por las autoridades políticas partidistas con la inclusión de preguntas claramente mediatizadas. La posibilidad de convocatoria ciudadana es prácticamente nula por la cantidad de obstáculos que se han ido poniendo para evitarlos. Una vez conseguido el usufructo permanente de la soberanía y acallada la voz de sus propietarios el camino queda libre para alcanzar el objetivo de la colonización de los tres poderes políticos asumiendo el control total de los mismos para gestionar sin limitaciones externas el poder absoluto.

Los puntos negros que están utilizando para apoderarse del poder democrático se pueden resumir en los tres puntos siguientes.

2.3 PUNTO NEGRO 1: APROPIARSE DE LA SOBERANÍA PARA VESTIRSE DE LEGITIMIDAD

Soberano es el actor que encarna la autoridad y el poder de un territorio, generalmente un Estado o federación de Estados. La soberanía popular es la característica esencial de cualquier democracia, donde todos los integrantes de la sociedad pasan a detentar el poder político y con ello la legitimidad de la autoridad. Esta es la esencia para que una forma de gobierno se pueda llamar democracia. Todas las Constituciones democráticas recogen como uno de sus primeros puntos y más importantes esta característica. Es el primer mandamiento de una democracia.

Según explica Vidal-Beneyto (1981) los partidos políticos llegaron a la política cuando la democracia liberal estaba ya implementada y funcionando en algunos países. La Revolución francesa y la derrota de la monarquía generó innumerables grupúsculos políticos formados, entre otros, por los clubs políticos ingleses, los clubs de pensamiento franceses (Club de los Treinta, Club de los Mínimos), los clubs ideológicos (Club de los Jacobinos, Socialismo y democracia), los clubs de reflexión y análisis (Ciudadanos 60, Círculo Tocqueville), los clubs de intervención social (Proudhon, Acción y Democracia) o las sociedades de amigos (Sociedad de amigos de la Constitución, Sociedad Popular).

Más de 1.900 sociedades locales y 21.000 comités de vigilancia surgieron para desarrollar la nueva transformación política que desembocaría en una democracia. Aunque también, es cierto que fueron creciendo los clubs filiales de los futuros partidos como los Círculos Jean Jaures, CEDEP, Perspectivas y Realidades o el Club Nueva Frontera.

Los partidos políticos llegaron como un ciclón y después de varias mudanzas interiores e ideológicas consiguieron hacerse con el mando de las democracias, sobre todo con la instauración del sufragio universal que obligó a diseñar organizaciones políticas mas estables, con gran número de asociados y presencia activa en todo el territorio. Fue tan importante y profunda el impacto que los partidos realizaron en la joven democracia que después de la segunda guerra ya se debe hablar de una democracia de partidos tanto porque consiguieron ser los únicos agentes políticos como por la impronta y calado que implementaron en la esencia de la democracia, quedando de dueños y señores de la política.

La democracia representativa es la forma de gobierno presente en todos los países occidentales y en la mayoría del resto de países democráticos. Su principal característica es que la gestión de los poderes políticos se realiza a través de representantes elegidos por la ciudadanía en elecciones periódicas. Sin embargo, en este tipo de democracias, la soberanía popular está inmersa en una gran paradoja que ahora está aflorando en toda su intensidad. Los ciudadanos detentan la soberanía nacional y sin embargo no pueden ejercerla, ya que su usufructo está en manos de los partidos políticos.

Para ello se diseñaron varias operaciones para garantizar que los representantes elegidos se difuminaran y prevaleciera la figura del partido sobre la imagen del representante. La evolución para usurpar el poder ciudadano tiene, entre otras, las siguientes características.

Las elecciones se limitan a la mínima expresión

Es lógico pensar que si la ciudadanía es la soberana política debe ser la encargada de elegir a los candidatos que la van a representar en los distintos poderes. Y más aún para garantizar, en mayor medida, la independencia de los poderes públicos y la idoneidad de los candidatos a las competencias que deben utilizar en cada uno de ellos, ya que es bien sabido que exige perfiles profesionales diferentes.

Sin embargo no es así. En las democracias denominadas parlamentarias, las únicas elecciones que se celebran son las del poder legislativo. Los parlamentarios elegidos son los encargados de elegir el resto de los cargos públicos de los otros poderes políticos. Eligen al presidente del poder ejecutivo y de una manera directa o indirecta al cuadro de dirección de los jueces o incluso a los propios jueces, es decir, del poder judicial.

Ejemplos de este tipo de democracia son aquellas basadas en monarquías donde la figura del Jefe del Estado es meramente decorativa sin atribuciones propias bajo la dirección del poder ejecutivo. España, Holanda, Canadá, Australia, Dinamarca o Bélgica forman parte de este grupo.

Hay que tener en cuenta que estamos hablando de las monarquías parlamentarias que son distintas de las monarquías constitucionales donde la figura del rey como jefe de Estado tiene algunas facultades propias y deberes institucionales, como el control del ejecutivo. Reino Unido, Canadá, Suecia o Japón son ejemplos. En este sentido son semejantes a algunas repúblicas donde se elige al Jefe del Estado por elección directa y disfrutando de ciertas prerrogativas constitucionales. Italia o Portugal son ejemplos de este tipo.

En las democracias denominadas presidencialistas, la ciudadanía además de elegir a los representantes del poder legislativo elige a los del poder ejecutivo en forma de presidente que luego se encarga de nombrar a sus ministros. Si bien se elige a una única persona que dirigirá el poder ejecutivo y no a un equipo de trabajo, permite diferenciar ambos poderes y evitar el trasvase indiscriminado entre ellos. Estados Unidos, Francia y la inmensa mayoría de los países latinoamericanos están regidos por este tipo de democracia. Aunque es más democrático el sistema presidencialista ya que la ciudadanía elige a los poderes Legislativo y Ejecutivo, la estabilidad de este sistema a lo largo del tiempo es inferior al sistema Parlamentario según algunos estudios.

La razón principal se basa en la disputa entre ambos poderes que, en muchas ocasiones, están dirigidos por agrupaciones políticas diferentes. Como señala Mainwaring (1995) "Si se pudiera diferenciar claramente las funciones de ambos poderes se podría comprobar que no solamente no son incompatibles sino que son complementarios ya que se dirigen a territorios políticos diferentes según los criterios que se establecieron en la revolución francesa para dividir el poder absoluto real".

Los candidatos son designados por los partidos

La necesidad de garantizar la fidelidad de los representantes en las instituciones exigió que el partido pudiera preseleccionar a los candidatos según un orden de salida determinado. Por eso se estableció que las votaciones electorales tomaran el formato de listas y no de candidatos específicos.

Y para que esas listas contemplaran las preferencias de los partidos, se determinó que fueran cerradas y bloqueadas para poder presentar a los preferidos de los partidos y diseñar la lista donde "los mejores" iban por delante del resto de candidatos. De esta forma "los mejores" para los partidos (más fieles, más obedientes, más cercanos a la cúpula partidista) se colocaban en los primeros puestos con más posibilidades de salir elegidos.

Por esa razón la inmensa mayoría de los candidatos son desconocidos de los electores que deben basar su decisión en función del partido que les presenta y no de sus méritos o sus hechos. Se vota al partido porque se desconoce a los candidatos que luego proclaman en las instituciones que son los representantes del pueblo, cuando en realidad son los representantes de los partidos políticos. Las listas de elegibles pertenecen, en su inmensa mayoría, a los partidos políticos y solo de forma muy minoritaria son independientes o agrupaciones de electores.

Probablemente la constitución de listas electorales a personas y agrupaciones ajenas a la política "profesional" es demasiado exigente (en tiempo y dinero) tanto en su formato administrativo como de gestión posterior. Además todas las democracias actuales son representativas, es decir, el poder político se ejerce a través de representantes. De esta forma tan sencilla los partidos garantizan que los representantes elegidos siguen las consignas partidistas y en consecuencia de manera encadenada pueden nombrar los cargos públicos de las instituciones del Estado.

Los sistemas electorales favorecen a los grandes partidos

En tercer lugar se diseñan sistemas electorales más acordes con los intereses de los partidos de cada país sin importar romper el principio básico de la democracia de que cada voto tuviera el mismo valor en el recuento. De esta forma se eligieron circunscripciones con escaños desproporcionados, fórmulas de transformación de votos en escaños que beneficiaban a los grandes partidos y, en definitiva, una ingeniería electoral que conseguía cosas tan dantescas como que en una elección presidencial saliera elegido un candidato con menos votos que el perdedor (EE. UU.) o que un partido político obtuviera más escaños en una comunidad autónoma con menos votos que el segundo partido (País Vasco).

Sencillamente se puede comprobar en la mayoría de los países que las proporciones de escaños respecto a los votos emitidos beneficia siempre a los grandes partidos y perjudica siempre al resto de partidos. En este caso se argumenta que las elecciones en democracias parlamentarias tienen como objetivo principal la gobernabilidad del país y para eso son necesarias mayorías absolutas (el voto útil) que han consolidado durante mucho tiempo el bipartidismo político al viejo estilo del Turnismo de Cánovas y Sagasta que funcionó en España durante medio siglo.

Todos los elementos que conforman un sistema electoral están dirigidos a conseguir los objetivos de los principales partidos. Una vez que a mediados del siglo XX se consiguió el voto universal, libre y directo se empezó a diseñar una estrategia más afinada. El número de circunscripciones, el número de escaños por circunscripción, el mecanismo de asignación de los escaños, la colocación de candidatos importantes en circunscripciones donde apenas se les conoce.

Existen una multitud de formas para que los representantes sean los más valorados por los partidos. No cabe duda alguna que el bipartidismo electoral en la segunda mitad del siglo XX y principios del siglo XXI fue apoyado artificialmente, entre otras causas, a través de la distorsión del sistema electoral. Las dos principales tendencias ideológicas liberales y socialdemócratas fueron los principales gobernantes en la mayor parte de las democracias durante ese tiempo.

Los representantes se arrogan la soberanía popular.

En cuarto lugar fue el diseño de la representación argumentando la transformación de la democracia liberal en una democracia de masas. De esta forma y ante la magnitud de votantes con la llegada del voto universal se hizo imprescindible el nombramiento de representantes que dirigieran el Estado. Y para ello se debería acompañar de la cesión de la soberanía para conseguir una gestión pública eficiente y total.

Existe un cierto desconocimiento por parte de la ciudadanía del verdadero efecto de la elección de representantes o con más exactitud de la elección de partido político. Porque en realidad no es una votación para la selección de uno u otro representante que debe desarrollar la gestión temporal de los poderes políticos cuyo propietario es la sociedad, sino que se acompaña, de manera más oscura, de una operación encubierta donde se entrega la soberanía popular. Y es una entrega, en la mayoría de los casos, involuntaria y con el agravante que no existe contraprestación alguna de seguir los deseos del votante , ni el compromiso de actuar de una manera acordada. Es una entrega ciega sin posibilidad de exigencia alguna.

Los representantes elegidos pasan a ser representantes de la ciudadanía y usufructúan la soberanía popular ya que pueden gestionar los poderes políticos sin ningún compromiso previo con los electores y sin ninguna prerrogativa posterior para poder controlarlos o revocarlos. El mandato imperativo que obligaría a respetar las promesas contenidas en los programas electorales y en las afirmaciones públicas y mantener un contrato social y político con la sociedad no tiene vigencia. El control ciudadano para analizar su labor y conducta y en su caso ejercer la revocación del mandato otorgado no existe. De esta forma la duración de los nombramientos solo vence con el período legal programado con independencia de la forma de actuar de los mismos. No existe control "legal" alguno que permita actuar a la ciudadanía y revocar el nombramiento.

Los representantes refuerzan la seguridad de actuación

En España, por obligación legal, los cargos públicos elegidos no están limitados por mandato imperativo y, en consecuencia, los electores no pueden remover a sus elegidos en ninguna circunstancia aunque cometan acciones contrarias a los intereses de la ciudadanía o incluso manifiestamente ilegales.

En este último caso hasta la Justicia tiene limitación de acción porque los representantes disfrutan de aforamiento personal. Es, pues, una transmisión de soberanía total sin ningún compromiso político por parte de quien la ha obtenido y que cederá de manera inmediata al partido avalador para que la pueda utilizar, entre otras cosas, para disfrutar de legitimidad legal.

Todas estas limitaciones se han encargado de desvirtuar la fiesta de las elecciones para transformarla en la defunción de la libertad política de la ciudadanía.

La figura de representante político ha sido tan distorsionada que ha perdido su perfil noble democrático. No representa el ideal del pueblo ni la libertad de pensamiento en beneficio del mismo. Por el contrario se ha convertido en "lacayo" del partido político al que le debe toda su fuerza. Ha pasado de representante del pueblo a servidor de la cúpula del partido. Su trayectoria vital, en la mayoría de los casos, ha transcurrido centro de los estrechos cauces de la política de partido y está alejado de las necesidades de la sociedad porque solo puede luchar por las necesidades del partido.

La soberanía que ha puesto la ciudadanía en sus manos para que puedan gestionar el capital político común de la sociedad de una manera libre y comprometida, se ha convertido en la moneda de cambio que regalan a sus partidos como gratitud por haber sido presentados en las elecciones. El intercambio entre partidos y representantes es bien conocido: seguridad a cambio de la soberanía. De esta forma se crea un círculo vicioso donde está permitido o al menos tolerado actuaciones encaminadas a aumentar el caudal de intercambio: más seguridad a cambio de más soberanía.

El problema básico que genera esta grave irregularidad está en que se entrega, por parte de la ciudadanía, a los representantes elegidos. Según determina la democracia lo que se traspasa a los representantes no es la propiedad del poder sino la gestión del mismo. Sin embargo la imposibilidad de control de los representantes y la reversión, en su caso, de la soberanía entregada, facilita el usufructo permanente de la soberanía por parte de los partidos. Este tipo de operación sería impensable en el resto de los sectores económicos o sociales porque podría ser causa de nulidad legal por abuso de confianza.

Cuando se cede algo tan esencial como la soberanía política, que sustenta la dignidad de las personas, tienen que existir medidas claras y contundentes para poder garantizar en que se va a emplear, como se va a proceder y sobre todo conocer la trazabilidad de los medios y fines que se han utilizado. Por eso es importante ser muy cuidadosos en la definición de las funciones y en el alcance de las actuaciones de los representantes, para evitar que en el traspaso de la gestión se pierda la soberanía directa o indirectamente.

Debería existir un protocolo exigente, a nivel constitucional, que contemplara claramente el contenido y las características de la transacción en el acto de entrega de la representación todo ello bajo estrictas medidas de transparencia, definición de alarmas para preavisar de las posibles desviaciones y prevención de puntos negros y conductas negligentes o claramente deshonestas. De esta forma la fuerza de la asunción de la soberanía a los grupos políticos permite recuperar, nuevamente, una élite política minoritaria, que no es representativa de la sociedad, que va a dirigir y gestionar el presente y el futuro de esta, va visibilizando el resurgimiento de los dos mundos paralelos de los que mandan y de los que obedecen, separados por una distancia infinita.

Esta división genera, además, tentaciones de actuación irregular de los poderes políticos, tanto por interés como por negligencia, debido a la impunidad de actuación en el espacio público. Los cargos públicos son constantemente bombardeados por situaciones que influyen o pueden influir en su vanidad, en su bolsillo, en su lealtad al partido o a un líder y sobre todo, en muchos casos, que superan ampliamente sus posibilidades de hacerlas frente por incapacidad, inexperiencia o inconsciencia.

Este problema es la puerta principal que abre el paso al desorden, el caos y la impunidad de esa élite política que maneja los poderes políticos como el poder absoluto de la realeza y que genera, como sabemos por la historia, infinitos desmanes. La figura del representante (soberano) es el caballo de Troya que los partidos políticos han colocado en la democracia para quitarle la soberanía a la sociedad y despojar a la ciudadanía del único bien que, a través de los derechos fundamentales, permite preservar la dignidad de las personas y facilita la lucha por implementar una democracia que sea el producto de toda la sociedad para alcanzar los objetivos generales.

Aquella excusa de los partidos en la etapa de la construcción de la democracia representativa de evitar a la ciudadanía las fatigas de gastar tiempo en los problemas y decisiones públicos y para ello se prestaban a dirigir y gestionar ese espacio público ("un buen servicio público") que era de todos pero que necesitaba profesionales que lo pudieran dirigir con voluntad y eficacia. La propaganda tuvo éxito y las élites políticas consiguieron que el nivel de preocupación por lo público fuera desapareciendo entre la ciudadanía hasta olvidarse de su propiedad. De esta forma el espacio público, al igual que los poderes políticos y los intereses del Estado, quedó en manos de los partidos políticos.

2.4 PUNTO NEGRO 2: RESTRINGIR LA PARTICIPACIÓN CIUDADANA PARA ACALLAR SU VOZ

La necesidad de los partidos políticos de legitimar su actuación obligó a diseñar la implementación de las elecciones que pudiera avalar el trasvase de la soberanía desde la ciudadanía. De esta forma se podía justificar la transferencia de la soberanía a través de una operación que quería ser un contrato político entre los partidos y la sociedad y con ello el uso indiscriminado de los poderes políticos sin impedimentos ni limitaciones.

El resultado consistió en el diseño de un sistema electoral a su medida perfectamente rígido donde la ciudadanía solo podía votar una lista electoral presentada por un partido (oligopolio de partidos) que a través de la manipulación de votos y circunscripciones se transformara en un duopolio de dos grandes partidos para repartirse el botín entre ellos.

El bipartidismo de gobierno fue una constante política en prácticamente todas las democracias hasta entrado el siglo XXI. Finalmente cerraron la puerta de la participación ciudadana para evitar actuaciones políticas descontroladas fuera de la jerarquía de los partidos o reclamaciones permanentes que pudieran entorpecer su tranquila gestión pública. De esta forma la participación ciudadana en los asuntos públicos se limita a dos únicos formatos: el voto para elegir representantes que van a desempeñar cargos públicos y la voz para avalar cuestiones que se consideran claves según la Constitución.

Ambas son eminentemente pasivas ya que se traducen en votar a unas listas rígidas (cerradas y bloqueadas) presentadas por los partidos y en cuya elaboración no han tenido ninguna participación y dar voz (ratificar o denegar) a cuestiones esenciales que por su naturaleza constitucional exige la aprobación de los soberanos, a través del referéndum.

Los mecanismos de participación directa, en general, incluyen la parte de la decisión política donde participa la ciudadanía sin intermediarios, aunque como se verá, en muchos casos con restricciones importantes reflejadas en preguntas deliberadamente tendenciosas y cuya única participación consiste en afirmar o negar, sin poder tener una valoración u opinión.

De cualquier forma sirve de referente para conocer el grado de avance de la democracia representativa hacia posiciones de democracia directa, es decir, el nivel de democracia participativa de la sociedad. Según señala Mallaina García (2009) "Las instituciones de democracia participativa pueden ayudar a controlar el excesivo poder de los partidos políticos, pues el único control que un ciudadano tiene en la vida política, al menos en España, es exclusivamente en el momento de las elecciones cada cuatro años. Una vez que ha ejercido su derecho de voto, el ciudadano queda totalmente sometido a la voluntad de los partidos".

Las principales herramientas participativas se pueden incluir en tres grupos: Los referéndums, la iniciativa legislativa popular y los procedimientos revocatorios de cargos públicos, según quien haya tomado la iniciativa para su realización, el gobierno o la ciudadanía.

Referéndums

Existen referéndums constitucionales de obligada convocatoria y cumplimiento convocados por el Estado como la aprobación o reforma de los Estatutos de Autonomía o, en su caso, la reforma de determinados artículos de la Constitución. Pero estas consultas son meramente ratificaciones sobre la estructura democrática y por lo tanto cerradas a cualquier iniciativa ciudadana.

El artículo 92 de la Constitución española señala que "1. Las decisiones políticas de especial trascendencia podrán ser sometidas a referéndum consultivo de todos los ciudadanos. 2. El referéndum será convocado por el Rey, mediante propuesta del Presidente del Gobierno, previamente autorizada por el Congreso de los Diputados. Dentro de este ámbito del artículo 92, referéndums propuestos por el gobierno, se han realizado dos de ellos relativos a la entrada de España en la OTAN (1986) y el de la aprobación de la Constitución Europea (2005). En ambos casos fueron aprobados.

Con la adhesión a la UE el Estado español se situó con las previsiones legales más exigentes en materia de aprobación vía referéndum sobre cuestiones importantes relativas a la pertenencia a la Unión Europea.

Tabla: Previsiones legales de referéndums en la UE

Posibilidad de convocar un referéndum	*Estados Miembros UE*
Sin previsiones legales para convocar referéndum a nivel nacional	Bélgica, Chipre, República Checa, Alemania = 4
Referéndum posible en un número limitado de temas (incluyendo algunos relativos a la UE)	Hungría, Portugal, Malta, Eslovenia = 4
Referéndum posible en un amplio número de temas (incluyendo los relativos a la UE)	Bulgaria, Finlandia, Grecia, Italia, Países Bajos, Suecia = 6
Referéndum obligatorio para algunos temas (incluyendo los relativos a la UE)	Austria, Croacia, Dinamarca, Estonia, España, Francia, Irlanda, Letonia, Lituania, Rumanía, Eslovaquia, Luxemburgo, Polonia, Reino Unido = 14

FUENTE: Jacques Delors Institute, (2015).

Iniciativas legislativas populares (ILP)

La calidad de la democracia está avalada principalmente por la mayor participación de la sociedad en los asuntos públicos. Por eso "La necesidad de que el pueblo intervenga en los asuntos públicos y, especialmente, en la propia tarea de producción normativa, es algo inherente al carácter democrático del Estado. (García Majado (2017).

La iniciativa legislativa popular es una herramienta participativa ciudadana que permite la presentación de proposiciones de leyes ante el Parlamento para su toma en consideración. No estamos hablando, por lo tanto, de una herramienta de democracia directa ya que no tiene poder decisorio, sino meramente de una herramienta participativa.

Según señala García Majado (2017) "Su fin no es otro sino obligar a las Cámaras a que se pronuncien acerca de diferentes cuestiones que, en un momento dado, la sociedad considera relevantes". Y por lo tanto "En este sentido, el fin último de la iniciativa legislativa popular no es otro sino permitir que demandas ciudadanas que no encuentran hueco en la discusión político del momento sean trasladadas a las instituciones representativas, no para que sean finalmente adoptadas, sino para que desencadenen la correspondiente deliberación parlamentaria.

El objetivo es obligar la discusión pública de ciertas cuestiones que los representantes políticos no han entendido como prioritarias, completando así la integración de intereses que tiene lugar en sede parlamentaria y dotando de eficacia al pluralismo político existente en la sociedad contemporánea.

Las iniciativas legislativas populares están recogidas en el artículo 87. 3 de la CE "Una ley orgánica regulará las formas de ejercicio y requisitos de la iniciativa popular para la presentación de proposiciones de ley. En todo caso se exigirán no menos de 500.000 firmas acreditadas. No procederá dicha iniciativa en materias propias de ley orgánica, tributarias o de carácter internacional, ni en lo relativo a la prerrogativa de gracia." La ley orgánica donde se regula su ejercicio no fue aprobada hasta 1984 (Ley Orgánica 3/1984, de 26 de marzo, reguladora de la iniciativa legislativa popular).

Es, pues en el artículo 87.3 de la CE donde se faculta a la ciudadanía a poder presentar proposiciones de leyes ante el Parlamento para su tramitación y aprobación. De este modo es posible la producción legislativa directamente desde la ciudadanía. La ILP en España es una de las más restrictivas en el ámbito europeo ya que además de necesitar un número de firmas ciudadanas claramente superior, también limita las materias sobre las que se puede solicitar (materias propias de ley orgánica, tributarias o de carácter internacional, ni en lo relativo a la prerrogativa de gracia) y el tiempo para recoger las firmas necesarias que no puede ser superior a un año. Además, una vez superado este paso debe ser el Parlamento quien decida si procede su toma y consideración y debate para proceder a su aprobación o denegación.

En España el número de ILP presentadas están cerca de las doscientas pero solamente se han tenido en cuenta y se han aprobado en el Parlamento tomando la figura de proposición de ley apenas tres de ellas que han sido consideradas, aunque con distintas modificaciones que las han descafeinado. Una relativa a la reclamación de deudas comunitarias, otra donde se regulaba la fiesta de los toros como Bien de Interés Cultural y una tercera por la vivienda digna.

Iniciativas Legislativas Populares (ILP) en España

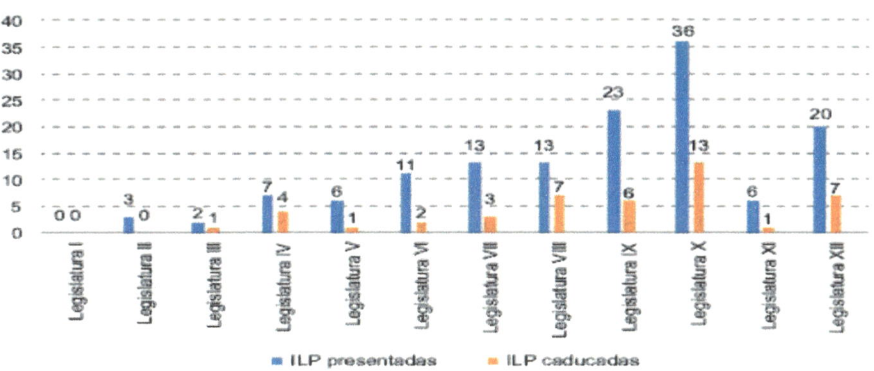

Elaboración propia

En el resto de los países europeos tampoco la democracia "participativa" está muy desarrollada. En Francia y Alemania no existen mecanismos para que la ciudadanía pueda cambiar una ley. En Italia no existe una forma directa de solicitarlo, pero pueden proponer una nueva ley al Parlamento si viene avalado por al menos 50.000 firmas, aunque el parlamento no está obligado ni a discutirla, ni a aprobarla. En el Reino Unido existe una plataforma en la web del parlamento donde los ciudadanos pueden proponer una ley. Si alcanzan las 10.000 firmas el Gobierno debe contestar y si llega a las 100.000 tiene que ser debatida en la Cámara de los Comunes.

Como se puede observar la democracia representativa pone dificultades de peso para cualquier actuación que venga con el sello de democracia participativa, lo que evita que se pueda llegar a alcanzar la democracia directa.

Procedimientos revocatorios de cargos públicos

La revocación de cargo consiste en eliminar el mandato representativo asignado a un cargo público por aquellos que lo eligieron, antes de que finalice el plazo del mandato.

Principalmente está vigente donde se originó (recall EE. UU.) y posteriormente se fue extendiendo por parte de Iberoamérica como en los países de Venezuela, Colombia, Perú o Ecuador.

A diferencia de los referéndums y las iniciativas legislativas que son herramientas de participación, la revocación es una herramienta de decisión y por lo tanto de la democracia directa. En Europa donde mayoritariamente están vigentes las democracias parlamentarias este procedimiento solo alcanzaría a los representantes elegidos para los Parlamentos nacional y autonómico y los ayuntamientos, ya que la mayoría de los cargos electos como presidentes, consejeros o ministros son elegidos por designación indirecta a través de votación de representantes o nombramiento de los presidentes.

2.5 PUNTO NEGRO 3: CONTROLAR LOS PODERES POLÍTICOS PARA TENER IMPUNIDAD

Es una realidad constatable, en todas las democracias vigentes, que la independencia de los poderes políticos es una quimera. Montesquieu ha muerto. Hoy día los tres poderes han pasado a depender de un único titular: los partidos políticos. Y ¿cómo lo han conseguido?

El plan trazado ha sido muy evidente. Consiste en limitar las elecciones ciudadanas al mínimo y aumentar los nombramientos directos desde la representación al máximo. De esta manera los políticos pueden ser nombrados para cualquier puesto de los poderes públicos sin necesidad de demostrar experiencia alguna o aptitud para el cargo, sin necesidad de pasar por oposiciones o elecciones. El "cargo de confianza" es la constatación que sirve para recompensar a los afines y a los dóciles.

Las elecciones de representantes que existen en todas las democracias corresponden al poder legislativo, en todas sus divisiones. Por eso existen votaciones a nivel estatal o federal, regional o autonómico y municipal. En algunos países son cámaras únicas y en otras bicamerales según su cultura y tradición.

A nivel general se eligen los representantes del Parlamento y por eso se dice que es la cámara de la soberanía (y de esta forma se recuerda que la soberanía está permanentemente asumida por los representantes). Respecto al poder judicial también ha sido colonizado por los partidos políticos que, en general, tienen facultades específicas, directas o indirectas, para el nombramiento de sus órganos de dirección o incluso de los propios jueces.

En Estados Unidos el nivel superior de la jerarquía judicial está formado por 9 jueces cuyo nombramiento corresponde al presidente del país, refrendado por la Cámara del Senado. Su nombramiento es vitalicio. En el Reino Unido el poder judicial está liderado por el Tribunal Supremo británico (Supreme Court of the United Kingdom) formado por 12 jueces que no tienen mandato limitado pero pueden ser destituidos por el Parlamento. Son nombrados por la reina a propuesta del Primer Ministro (poder ejecutivo) o del ministro de Justicia. Los jueces deben pasar un examen riguroso y dedicarse al derecho al menos 25 años. Se deben jubilar con 75 años.

En Francia el máximo órgano constitucional es el Consejo Superior de la Magistratura (CSM) integrado por 5 jueces, un fiscal, un consejero de Estado, tres miembros nombrados por el presidente de la República y el presidente de la Asamblea nacional y del Senado. Las distintas instancias y tribunales del Estado presentan proposiciones al Presidente de la república que confirma los nombramientos por decreto.

En Alemania no tiene órgano autónomo de dirección de jueces, siendo el Tribunal Constitucional el que disfruta de mayor capacidad de intervención ante cualquier tribunal del Estado. Está formado por 8 jueces elegidos por las dos cámaras de representación parlamentaria, el Bundestag y el Bundesrat.

En Italia existe un modelo mixto para elegir el máximo órgano de los jueces denominado Consejo Superior de la Magistratura (CSM). Está compuesto por 27 jueces y presidido por el presidente de la república acompañado por el Primer Presidente del Tribunal Supremo y el fiscal general de este alto tribunal. Los 24 cargos elegidos tienen una duración de cuatro años. Son elegidos en sus dos terceras partes (16) por los magistrados y un tercio (denominados "laicos") son elegidos por el Parlamento entre profesores universitarios de materias jurídicas y abogados que ejercitan la profesión al menos durante 15 años.

En España el órgano de dirección de los jueces es el Consejo General del Poder judicial (CGPJ) compuesto de 20 miembros elegidos por las Cortes Generales (Congreso y Senado) entre jueces (12) y juristas (8) de reconocida competencia por un mandato de 5 años. Esta presidido por un miembro de la Carrera Judicial o juristas de reconocida competencia, que a su vez será presidente del Tribunal Supremo, nombrado entre los miembros elegidos.

Hay que destacar la singularidad española con un número de aforados inmenso (17.608) cinco de la Familia Real y el resto -17.603- pertenecen a instituciones del Estado y de las Comunidades Autónomas (políticos, miembros de las Carreras Judicial y Fiscal, integrantes de órganos como el Tribunal de Cuentas y el Consejo de Estado, Defensores del Pueblo estatal y autonómicos, etc.)) que tienen el privilegio de ser, en su caso, juzgado por los altos tribunales nombrados por el poder legislativo. Este importante número de aforados contrasta con otros países europeos. ni en Alemania ni en Reino Unido ni en Estados Unidos hay aforados. Mientras, en Portugal e Italia no existe más aforado que el Presidente de la República; en Francia, sólo son aforados el presidente de la República, el primer ministro y sus ministros. (Gómez Colomer y Esparza Leibar (2009))

Como se puede ver la colonización del poder judicial por parte de los partidos políticos es apreciable en cualquier país del mundo. De esta forma los poderes ejecutivo y judicial son responsabilidad absoluta de los partidos políticos que se encargan desde la selección hasta el despido de los cargos públicos.

El problema particular de España

En España los representantes nombran a los presidentes y a la mesa de los parlamentos, al presidente de los ejecutivos nacional y autonómico e incluso a los alcaldes a través de los concejales elegidos. Además nombran al presidente y vocales del poder judicial, al fiscal general del Estado y al responsable de la Abogacía del Estado.

Para mayor confusión cada representante político puede pertenecer simultáneamente a dos poderes distintos del Estado y, en consecuencia, influir en la toma de decisiones de ambos, alterando gravemente la independencia de los poderes que es parte de la esencia de una democracia. Lo más habitual es pertenecer al legislativo y al ejecutivo y ser diputado y ministro, o diputado autonómico y consejero. Pero también existe con cierta frecuencia los concejales que son diputados o senadores, nacionales o autonómicos.

Estas dobles pertenencias también contribuyen a potenciar las cúpulas de los partidos y su aparato, y con ello el control absoluto de los partidos que minimiza la democracia interna de los mismos. La pertenencia de una persona a varios poderes simultáneamente genera un problema de conflictos de intereses que desemboca habitualmente en malas praxis y en desatención a sus funciones públicas. Y en todos los casos está presente un mal ejemplo democrático y una falta de ética pública.

Es obvio que si se facilita el tránsito de personas entre poderes se extingue el principio de eficiencia basado en la experiencia y las habilidades de los cargos públicos, eliminando las ventajas de la profesionalidad y aumentando el riesgo de la mala dirección. Los poderes políticos están dirigidos mayoritariamente por políticos que proceden de distintas experiencias, aunque, por desgracia, una parte importante tiene como única experiencia su trabajo en un partido político.

Los políticos ven el paso por el Legislativo como un aprendizaje pero nunca como una finalidad. Su objetivo principal cuando se inicia la carrera política no es la representación de los ciudadanos en las Cortes Generales y la transformación de las inquietudes de los ciudadanos y ciudadanas en leyes y normas que preserven sus derechos y colmen sus ilusiones de diseñar un Estado más moderno y amable, sino calentar banquillo para acabar en el Ejecutivo que es verdaderamente donde se toca poder. Donde se maneja dinero y recursos y donde se realiza la profesión política. El trasvase del Legislativo al Ejecutivo ha sido incesante a lo largo de todo el período democrático. Al fin y al cabo la progresión de los políticos es una línea recta que va desde el Legislativo al Ejecutivo.

En esta tabla se observa claramente que la mayoría de los ministros nombrados provienen del Legislativo y serían muchos más hasta alcanzar el 90% de los mismos si contamos como tales los procedentes de poderes del poder ejecutivo que suelen repetir en las segundas legislaturas y en este caso se consideran que provienen del poder ejecutivo.

Cargos políticos públicos en el momento del nombramiento

Absolutos	**S I**	**S II**	**CS**	**GI**	**G II**	**A I**	**A II**	**ZP**	**Total**
Poder ejecutivo	12	19	14	14	14	4	10	3	66
Gobierno central	12	19	14	11	12	2	8	0	56
Gobierno autonómico	-	-	0	1	1	1	2	2	6
Gobierno local	0	0	0	2	1	1	0	0	3
Comisión Europea	0	0	0	0	0	0	0	1	1
Mandato parlamentario (1)	-	19	9	18	5	12	13	11	67
CGPJ	-	-	-	1	1	1	0	0	3
Procurador franquista (2)	3	1	1	-	-	-	-	-	3
Sin cargos	5	5	2	7	2	2	3	3	28
(n)	23	44	26	40	22	19	26	17	167

Fuente: Rodríguez Teruel (2006)

Gobiernos de: Suárez (SI, SII), Calvo Sotelo (CS), González (GI, GII), Aznar (AI,AII), Zapatero (ZP)

(1) Incluye los miembros de cualquier parlamento (europeo, autonómico y Cortes) y que, simultáneamente, no poseían un puesto en el poder ejecutivo.

(2) Incluimos sólo a los procuradores que no tenían, simultáneamente, un alto cargo gubernamental.

Estamos viendo que la colonización permanente de los poderes políticos por los partidos está consiguiendo, de manera directa o indirecta, dirigir los tres poderes y en consecuencia debilitar su función de contrapeso y socavar su independencia para, una vez más, unificarlos en un único dueño.

Hay que tener en cuenta que un cargo público no puede ser nunca sospechoso de poca atención, falta de preparación o dificultad para poder compatibilizarlo. Y muchos de esos dobles, triples o más cargos públicos en un único individuo son meros premios económicos para reunir una buena cantidad de dinero con independencia del resultado de su trabajo, generalmente insuficiente en todos los cargos y sus responsabilidades.

Actualmente la independencia entre los tres poderes está en peligro, ya que la clase política la está eliminando. Si nos fijamos que los únicos miembros votados (con las restricciones que hemos comentado) son los relativos al poder Legislativo, el resto de los nombramientos son ajenos a la voluntad aunque sea indirecta de los ciudadanos y ciudadanas. Desde el presidente del Gobierno hasta los ministros que forman parte del Consejo de Ministros y que conforman el poder ejecutivo. Y de esta forma los partidos políticos dominan tanto el poder legislativo como el ejecutivo.

TEXTOS REFERENCIADOS

- Acton, John E., Essays on Freedom and Power, Boston, The Beacon Press, 1949, p. 364

- Duverger, Maurice (1969). Los partidos políticos. Fondo de Cultura Económica.

- Flores Giménez, Fernando (1998): La democracia interna de los partidos políticos. Congreso de los Diputados, Madrid.

- García Majado, Patricia (2017). La configuración de la iniciativa legislativa popular: resistencias y soluciones. Acceso http://opo.iisj.net/index.php/osls/article/viewFile/836/1039

- Gómez Colomer, Juan Luis y Esparza Leibar, Iñaki (2009). Tratado Jurisprudencia de Aforamientos Procesales. Tirant lo Blanch.

- Jacques Delors Institute, (2015). The European Unión and national referenda: structural incompatibility?

- Mainwaring, Scott (1995). Presidencialismo, multipartidismo y democracia: la difícil combinación. Revista de Estudias Políticos (Nueva Época) Núm. 88. Abril-Junio1995.

- Mallaina García, Carmela (2009). Nuevos desafíos democráticos: hacia una iniciativa legislativa popular efectiva. Fundación Alternativas.

- Maroto Calatayud, Manuel (2008): «Autorregulación y legitimidad corporativa: Democracia interna y control social en partidos políticos y empresas». Citado por Pérez Moneo (2012).

- Otto Kirchheimer (1966): 6. The transformation of the Western European party systems, en Political Parties and Political Development. Princeton University Press

DOI: https://doi.org/10.1515/9781400875337-007. Citado por Pérez Moneo (2012).

- Pérez Moneo, Miguel (2012). La selección de candidatos electorales en los partidos. Centro de estudios políticos y constitucionales.

- Rodríguez Teruel, Juan (2006) Tesis doctoral "Los ministros de la España democrática". https://www.tdx.cat/bitstream/handle/10803/5094/jrt1de1.pdf?sequence=1

- Vidal-Beneyto, José (1981) Los clubes políticos. El País. 24 sep. 1981. Acceso en https://elpais.com/diario/1981/09/24/opinion/370130410_850215.html

CAPÍTULO 3. LOS MEDIOS: LAS HERRAMIENTAS POLÍTICAS DE LA SOCIEDAD

La libertad política es la libertad de la ciudadanía sobre el Estado, como legítimo soberano de los poderes públicos. Es el derecho indiscutible de participar activamente en el desarrollo de la democracia y de la sociedad. Se desarrolla a través del ejercicio de los derechos políticos y civiles que son las principales herramientas de actuación pública. Se mide por el nivel de participación e influencia ciudadana en los asuntos del Estado y la colaboración en el desarrollo de la democracia.

Para que su uso sea eficaz es necesario en primer lugar fortalecer el empoderamiento político de la ciudadanía y de esta forma transmitir la responsabilidad personal de cada miembro en la construcción y crecimiento de la democracia y conseguir sea protagonista del desarrollo democrático y del futuro de la sociedad.

Una vez que la actitud ciudadana se incorpora al cuerpo social es el momento de activar el poder soberano que la democracia, a través de la Constitución, asigna a la sociedad. Este es el momento de reconocer el espacio público como propio y las instituciones democráticas al servicio de la ciudadanía. De esta forma la participación ciudadana se hace imparable e imprescindible para que el ejercicio soberano esté presente en el sistema político y el timón de mando sea dirigido por la sociedad en algunos casos de forma directa y en otros casos a través de delegados elegidos por la misma.

La participación política necesita que su opinión, colaboración y decisión tenga un espacio propio donde se debata y se decida. Es la movilización de las ideas, a través de las opiniones, que deben encontrar la forma de comunicarse en el espacio público para contrastarlas con las declaraciones de los cargos públicos que dirigen las instituciones de los poderes políticos y con los partidos políticos y medios de comunicación que generan información y opinión sobre los temas actuales.

Las tecnologías han venido a remediar las dificultades y limitaciones de escuchar y debatir las ideas de una población tan numerosa y la facultad de centrar, resumir, analizar alternativas y tomas posiciones de las opiniones en todos los sentidos que se pueden producir en los temas importantes.

La sociedad de la información, que ha llegado, también está permitiendo incorporar al espacio público las opiniones y mensajes de todas las personas, amplificadas por las plataformas y agrupaciones, para acceder de una manera completa al enfrentamiento por el relato común que es básico para la creación de la opinión pública.

Es, pues, el espacio público donde confrontan y se comunican los actores políticos, los medios de comunicación y las redes sociales, teniendo como receptora a la ciudadanía. De esta forma se pueden ir priorizando los temas a los que se debe prestar atención y compartir la riqueza de tantas opiniones que permiten mejorar la simple posición de afirmar o negar los resultados presentados por las élites políticas.

Sin embargo todavía es muy importante la influencia de las fuentes de información en la opinión pública, especialmente en la definición de las prioridades informativas que están contenidas en las agendas políticas.

3.1 EL EMPODERAMIENTO POLÍTICO COMO RESPONSABILIDAD CIUDADANA

<table>
<tr>
<td rowspan="3">E
M
P
O
D
E
R
A
R</td>
<td>ETIMOLOGÍA

Del latín: el prefijo in (hacia dentro) y posse (poder).

Del inglés: empowerment, unión del prefijo em (mas) y power (poder) que se emplea en textos de sociología política.</td>
</tr>
<tr>
<td>DEFINICIÓN (RAE)

1. Hacer poderoso o fuerte a un individuo o grupo social desfavorecido.

2. Dar a alguien autoridad, influencia o conocimiento para hacer algo.

3. (Desuso). Apoderar.</td>
</tr>
<tr>
<td>SIGNIFICADO ACTUAL

Como empoderamiento se conoce el proceso por medio del cual se dota a un individuo, comunidad o grupo social de un conjunto de herramientas para aumentar su fortaleza, mejorar sus capacidades y acrecentar su potencial, todo esto con el objetivo de que pueda mejorar su situación social, política, económica, psicológica o espiritual.

Empoderar, pues, significa desarrollar en una persona la confianza y la seguridad en sí misma, en sus capacidades, en su potencial y en la importancia de sus acciones y decisiones para afectar su vida positivamente.

La finalidad última del empoderamiento social es que dicho colectivo sea capaz por sí mismo, trabajando y organizándose, de mejorar sus condiciones de vida.

Fuente: https://www.significados.com/empoderamiento/</td>
</tr>
</table>

Los roles de las personas

Tradicionalmente el papel asignado a las personas en las sociedades es un papel pasivo. Se mueven en función de las normas y preceptos que señala la autoridad establecida. Por eso, en mayor medida, las creencias y no las experiencias son las forjadoras de los comportamientos. Las personas utilizan más la moral que la ética en sus comportamientos. Este papel pasivo es todavía mayor en la política como resultado de la preponderancia de los intermediarios, que han sabido absorber el poder que la democracia asigna a la sociedad para convertirse en directores y gestores de esa soberanía popular.

Tres son los entornos más importantes donde actúan las personas. En primer lugar en el entorno familiar o personal donde se ejerce el rol de padre, madre, hijo, hija, familiar, amigo o amiga. En segundo lugar en el entorno profesional o laboral donde ejercemos el papel de empleado, empleada, técnico, técnica, gestor, gestora o comercial. En tercer lugar en el entorno político o social donde ejercemos el papel de ciudadano, ciudadana, vecino, vecina, asociado, asociada, voluntaria o voluntario. En los tres tipos de roles se suele tener un papel pasivo, es decir, la actuación está en función de las creencias impuestas por la moral y no de las experiencias propias generadas por la ética.

En el rol familiar la autoridad del líder paterno o materno se va diluyendo en nuevas relaciones asimétricas entre padres e hijos y la desafección que va creciendo entre ellos, amplificada por la autonomía que nos da la tecnología. De esta forma se va rompiendo el tejido común, disminuyendo el tamaño y la cohesión del, cada vez más mermado, grupo familiar/amistad.

En el rol profesional la pasividad es fruto de la división del trabajo basado en tareas acotadas y definidas, supervisadas por un director o mando que vigila el estricto cumplimiento de las normas laborales. La llegada del teletrabajo va aislando ese rol, reduciéndolo a la mínima expresión.

En el rol político la pasividad se vuelve todavía más alarmante. Los intermediarios procedentes de los partidos políticos han conseguido subvertir la soberanía de la ciudadanía, alcanzado el poder absoluto para gestionar la cosa pública. De esta forma consiguen asignar a las personas al surrealista papel de una elección de representantes condicionada por listas cerradas y bloqueadas presentadas por la cúpula de los partidos, claramente con un gran déficit democrático.

Romper esa tendencia es una tarea difícil porque la democracia necesita la colaboración de toda la sociedad para cumplir su finalidad, dotando de realidad a la soberanía popular, que es la verdadera esencia de la democracia.

De la persona al ciudadano

Según señala Espinosa (2009) las características principales de la ciudadanía están relacionadas con la pertenencia a una comunidad política determinada, la conquista de un conjunto de derechos y libertades y "la oportunidad y capacidad de participación en la definición de la vida pública (política, social y cultural) de la comunidad a la cual se pertenece".

De esta forma "Sus beneficiarios son "iguales en cuanto a los derechos y obligaciones que implica", y su ejercicio y disfrute está garantizado institucionalmente por medio de los tribunales de justicia (derechos civiles), el parlamento (derechos políticos), el sistema educativo y los servicios de salud y sociales (derechos sociales). Una vez establecido el marco de actuación de la ciudadanía se debe acceder a analizar el tipo de fuerza para poder practicarlo, es decir, a la toma del poder necesario para que esas atribuciones sean reales.

El primer inconveniente encontrado es que el sistema de poder en una sociedad es de suma cero, es decir, la conquista de poder por parte de la ciudadanía significa la pérdida de poder de los partidos políticos. Este inconveniente delata la primera paradoja en democracia ya que el propietario del poder político es la ciudadanía pero quien lo posee son los representantes políticos. Por eso afirma Morales Morales (2016) "El problema de investigación parte de la paradoja de si quién sustenta el poder estará dispuesto a generar un empoderamiento que le supondría ser cuestionado o perder poder".

Llancar Etcheverry (1984) comenta la necesidad de la distribución del poder político al afirmar que "En una sociedad democrática se deberían crear las condiciones de distribución del poder para que la ciudadanía pudiera incidir en asuntos tanto personales como públicos de una manera pacífica y consensuada. De esta manera surge el concepto de empoderamiento, este alude al proceso o mecanismo a través del cual personas, organizaciones o comunidades adquieren control o dominio sobre asuntos o temas de interés que le son propios.

Un concepto de empoderamiento clarificador lo explica Rappaport (1984), como "un proceso por el cual las personas, organizaciones y comunidades adquieren el dominio de sus vidas, a partir del desarrollo de los recursos individuales, grupales y comunitarios que generan nuevos entornos, mejorando la calidad de vida y el bienestar."

En esta situación el empoderamiento de la ciudadanía se puede conseguir por dos caminos bien distintos:

- De arriba hacia abajo (top-down) con la cesión voluntaria de las instituciones democráticas gestionadas por los representantes políticos.

- De abajo hacia arriba (bottom-up) con la conquista de poder directamente por la ciudadanía, bien presionando para cambiar los marcos normativos y las leyes (evolución), bien utilizando la fuerza de la legitimidad y del número (revolución).

Según detalla Rodríguez Morillo (2016) "El Área Hacker Civics junto con la Cátedra de Gobierno Abierto de la Universidad Politécnica de Valencia han desarrollado elementos para un marco de trabajo amplio sobre la cuestión del empoderamiento:

1. Toma de conciencia de las capacidades individuales y colectivas, así como de la situación actual del entorno económico, social, político y medioambiental.

2. Adquisición y desarrollo de capacidades que permitan la participación activa, de forma individual y/o grupal, en procesos

de toma de decisiones sobre los asuntos considerados importantes.

3. Desarrollo de un entorno favorable que establezca las instituciones formales e informales, garantice el acceso a la información y ponga en marcha procesos de rendición de cuentas para facilitar procesos participativos de toma de decisiones a nivel local, nacional e incluso internacional."

Todo ello debe conducir a fortalecer los colectivos y comunidades y a continuación a las personas que los componen ya que según explica González Marregot (2009): "El empoderamiento popular requiere de comunidades y colectivos fuertes mediante, al menos:

- el desarrollo de modelos de organización interna de naturaleza democrática
- la capacidad para emprender procesos de diagnósticos y planificación autónomos y participativos
- la capacidad de negociación y concertación con otros colectivos y con las autoridades públicas
- el desarrollo de la corresponsabilidad y de control social de la gestión gubernamental y de su propia operatividad. "

Hay cuestiones que son exclusivas del soberano y que representan la esencia de la ciudadanía, la dignidad de las personas y por lo tanto, para evitar tentaciones de terceros (representantes), deben ser indelegables. Por eso es necesario que la voz de la ciudadanía no solo se limite a las modificaciones y cambios legales, que por su importancia debe ser aprobado por la sociedad, sino que además alcance a todas las leyes, normas y reglamentos que afecten o puedan afectar a cuestiones relacionadas con los derechos fundamentales y libertades personales de la ciudadanía.

El reconocimiento de lo público como bien común de la ciudadanía

La única manera de sostener la democracia es conseguir que los soberanos, los dueños de ella, es decir, los ciudadanos la cuiden y sobre todo tomen las riendas para dirigirlas a mejor puerto. Porque si la dejamos en manos de los encargados políticos, al notar que no la atendemos tenderán, naturalmente, a convertirse en los legítimos dueños.

El formato de representación vigente exige un contrapoder de participación ciudadana que lo controle, lo supervise y sobre todo lo complemente. Pero más importante es tomar una posición activa de compromiso que pueda influir en el espacio público. El compromiso significa la participación en las partes públicas de la sociedad como una ONG, una plataforma cívica o un partido político. En la sociedad civil o en la sociedad política, pero siempre con la voluntad personal de intervenir en el quehacer común.

Existen muchas formas de participar y la mayoría no requiere una dedicación plena, sino una intención y participación pequeña. No hay que olvidar que el grado de participación en cualquier esfera va de menos a más según se van conociendo los medios y los fines que se van compartiendo.

La función de participación es una función biunívoca, es decir, el sujeto influye en la realidad y ésta influye en el sujeto. La mayoría de las cosas las aprendemos por experiencia, es decir, en el proceso de actuación. Pero hay que recordar que las personas son seres sociales fundamentalmente gregarios y se necesita aprender la manera de prestar atención y colaborar en la sociedad común para conseguir un futuro más enriquecedor.

Tan importante es la participación de los ciudadanos/as para cambiar la sociedad como la experiencia que se adquiere en el proceso y que sirve para conocer los problemas sociales de manera directa y empaparse del funcionamiento de la sociedad y sus problemas.

La democracia es una estructura que se pone en funcionamiento con las acciones políticas de las personas. Hasta ahora mayoritariamente son los partidos políticos los que realizan esa función y solamente en una pequeña proporción las sociedades civiles tienen algún protagonismo. Por esta razón la democracia se está convirtiendo en una democracia de partidos que son los que navegan por todos sus cauces.

La participación de la ciudadanía es esencial para proteger la democracia de los malos usos, las malas praxis y los abusos políticos. El ciudadano no solamente tiene derechos sino que tiene responsabilidades para optimizar el funcionamiento de la democracia y dirigirla hacia los problemas reales comunes de toda la sociedad. También debe tomar iniciativas para influir en ese funcionamiento y para ello necesita tener fuerza y presencia en el espacio público. Esto exige un nivel de agrupación importante y unos principios fuertes que ayuden a conseguir el fin principal de la democracia que no es otro que dirigirse al futuro que la ciudadanía haya decidido.

Empoderamiento y responsabilidad pública

Alcanzar el poder (empoderarse) para ejercerlo exige dos condiciones esenciales: Conciencia y acción. Conciencia de que la ciudadanía es el motor legítimo de la democracia y acción política como práctica ejercida a través de la participación política. De forma categórica lo afirma Font (1998): "La participación política es un elemento central de la democracia [...] podría definirse como el conjunto de actividades a través de las cuales los ciudadanos influyen en la vida política, ya sea para elegir a sus representantes, como para orientar, directa o indirectamente, los procesos de formulación, decisión e implementación de las políticas públicas."

Hart (1993) define con mayor profundidad la participación social o ciudadana "la capacidad para expresar decisiones que sean reconocidas por el entorno social y que afectan a la vida propia y/o a la vida de la comunidad en la que uno vive".

Como señala Díaz Aldret (2017) "(...) se entiende la participación ciudadana como el proceso a través del cual los ciudadanos, que no ostentan cargos ni funciones públicas, buscan compartir en algún grado las decisiones sobre los asuntos que les afectan con los actores gubernamentales e incidir en ellas. Es decir, el concepto de "participación ciudadana" incluye cualquier forma de acción colectiva, de reivindicación o de respuesta a las convocatorias formuladas desde el gobierno para incidir en las decisiones de política pública".

García-Espín y Jiménez Sánchez (2017) establecen tres hipótesis de los efectos potenciadores de los procesos participativos (PPs) de la ciudadanía sobre la democracia: "En primer lugar, la hipótesis del «arrecife de coral» implica que los PPs fomentan el capital social. De la misma forma que los arrecifes artificiales atraen a diferentes especies, proporcionando un ambiente protector para su desarrollo, los PPs pueden incentivar la acción colectiva, atraer a grupos asociativos o nuevos participantes, y aumentar los lazos entre ellos.

Por lo tanto, en la medida en que favorecen la creación de redes y la confianza, los PPs pueden ser considerados como fuentes de capital social. En segundo lugar, la «hipótesis de empoderamiento de la sociedad civil» considera que los PPs implican nuevos recursos organizativos para los grupos asociativos y fomentan nuevas percepciones de eficacia política.

Por último, bajo la hipótesis del «cambio en las relaciones de poder», los PPs son concebidos como transformadores de los modos establecidos de interacción en favor de nuevos modos basados en la autonomía de los grupos asociativos". Si bien a lo largo del trabajo estos autores no llegan a conclusiones determinantes si observan que los procesos participativos tienen efectos apreciables como motor incipiente de la acción política de la ciudadanía y la concienciación de su protagonismo en la vida política.

En definitiva ayudan a aumentar el nivel de empoderamiento de la ciudadanía de una forma directa o indirecta. Como señalan de forma dubitativa "¿Empoderan los procesos participativos a los grupos asociativos? De acuerdo con la literatura y las evaluaciones de los expertos, el empoderamiento puede ser observado en tres tipos de efectos.

Desde un punto de vista estructural, los PPs pueden implicar cambios, en primer lugar, en la cantidad y variedad de recursos organizativos disponibles y pueden, en segundo lugar, favorecer innovaciones en su estilo organizativo (metodologías, agendas, repertorios de acción). En tercer lugar, desde el punto de vista cultural, el empoderamiento se evidenciaría en la aparición de (nuevos) sentimientos de eficacia política entre los actores asociativos.

El objetivo final del empoderamiento político de la sociedad es aumentar la participación ciudadana en los asuntos públicos. Es toma responsable del protagonismo político que se recoge en las constituciones democráticas y que en última instancia determina el carácter de ciudadanía. Empoderarse para participar o participar para poder empoderarse. Dos variables intrínsecamente relacionadas para avanzar en el camino a una soberanía real y práctica cuya última finalidad está relacionada con la conquista del poder por parte de la sociedad para decidir el camino que llevará el futuro común.

Lo evidente es que la participación política incide directamente en otras dimensiones de la sociedad como señala Espinosa (2009) "La ciudadanía, entonces, entendida como una construcción social, nos remite a un proceso que se encuentra fuertemente vinculado con el ejercicio y/o desarrollo de procesos ubicados en tres dimensiones:

1) *Civil*, dimensión en que el objeto de la acción es la defensa de los derechos de igualdad ante la ley, libertad de la persona, libertad de expresión, libertad de información, libertad de conciencia, de propiedad y de la libertad de suscribir contratados.

2) *Política*, dimensión en que el objeto de la acción está relacionado con el derecho de asociación y con el derecho a participar en el poder político, tanto en forma directa, por medio de la gestión gubernamental, como de manera indirecta, a través del sufragio.

3) *Social*, dimensión en que el objeto de la acción nos remite al conjunto de derechos de bienestar (mínimos) y obligaciones sociales que permiten a todos los miembros participar en forma equitativa de los niveles básicos de la vida de su comunidad."

Esto confirma claramente que los objetivos de la participación ciudadana no terminan en el sistema político y en el poder que representa sino que lo desborda alcanzando al ámbito de cada persona (dimensión civil) y al de la sociedad en su conjunto (dimensión social).

Son, pues tres dimensiones que se influyen mutuamente y crecen de manera uniforme desde la manifestación del poder político que se irradia al resto de las dimensiones. Por eso es tan importante que la ciudadanía se active y empiece a despedir a los intermediarios políticos que empiezan a ser más un obstáculo y una limitación en el camino de un futuro construido por toda la sociedad y no sujeto a los intereses e influencias de los grupos políticos que no siempre representan a la ciudadanía.

La participación ciudadana es un mecanismo esencial del sistema democrático en la construcción de una sociedad activa a través de su implicación en los asuntos públicos y en la gobernanza de las Instituciones políticas bien directamente o mediante delegados elegidos democráticamente. Y de esta forma equilibrar las formas de actuación pública de representación, participación y acción directa, con el común denominador de la soberanía ciudadanía y la única finalidad de construir una sociedad que satisfaga a toda la población.

3.2 LA ÉTICA DEMOCRÁTICA COMO METODOLOGÍA DE TRABAJO

La implementación de una democracia como forma de gobierno en una sociedad tiene una gran influencia en los modos de comportarse de sus habitantes. Las herramientas que se incorporan al colectivo humano para poder actuar en un entorno democrático tienen realmente un alcance superior al sector político donde está previsto que actúen.

En primer lugar la democracia utiliza tres valores básicos para desarrollar los criterios necesarios para juzgar las conductas sociales. La libertad de pensamiento, palabra y acción para que cada persona pueda crear su propio futuro sin limitaciones salvo las marcadas por vivir en un grupo humano. La igualdad de derechos y oportunidades para eliminar todo privilegio que no nazca del esfuerzo, el mérito y el trabajo personal. La fraternidad entre toda la humanidad para comprender todas las diferencias que se van creando en la utilización de los otros valores, ayudar a que ninguna persona quede descolgada por debajo del umbral de subsistencia y amparar a aquellos colectivos que por limitaciones personales o sociales no pueden alcanzar una vida digna.

<table>
<tr><td rowspan="2">V
A
L
O
R

D
E
M
O
C
R
A
T
I
C
O</td><td>ETIMOLOGÍA

Valor

Del Indoeuropeo: Wal con el significado de “ser fuerte”.

Del latín: Valere, valoris, con el significado de fuerte, fortaleza, resistencia, solidez.</td></tr>
<tr><td>DEFINICIÓN (RAE*)

Valor

1. Grado de utilidad o aptitud de las cosas para satisfacer las necesidades o proporcionar bienestar o deleite.

4. Subsistencia y firmeza de algún acto.

5. Fuerza, actividad, eficacia o virtud de las cosas para producir sus efectos.

8. Cualidad del ánimo, que mueve a acometer resueltamente grandes empresas y a arrostrar los peligros.

10. Cualidad que poseen algunas realidades, consideradas bienes, por lo cual son estimables.</td></tr>
</table>

SIGNIFICADO ACTUAL

La Revolución francesa de 1789 proclamó la llegada de una nueva forma política, la democracia, tejida a partir de tres valores superiores: Libertad, Igualdad y Fraternidad. La libertad personal, la igualdad social y la fraternidad entre los pueblos.

La libertad se refiere al disfrute de los derechos naturales (humanos) por la ciudadanía con el único límite de no invadir un derecho de otra persona. Su principal valedor es la justicia que es la encargada de delimitar el alcance de cada derecho para no dañar a los demás.

La igualdad se refiere al reconocimiento de la dignidad de todas las personas por el hecho de nacer. "Todos los seres humanos somos igual de importantes y tienen el derecho a desarrollarse y crecer como personas sin barreras sociales. Su principal valedor es el gobierno que debe eliminar todas las trabas que impidan su crecimiento como persona y construir un entorno social que lo estimule con políticas activas.

La fraternidad se refiere al reconocimiento de todos los pueblos como parte integral de la humanidad y a sus ciudadanos y ciudadanas como personas en igualdad de condiciones que el resto. Todos y todas formamos parte de un único género que es la humanidad.

Estos tres valores están sustentados y aplicados por varios derechos que los defienden y les permiten hacerse reales en la vida cotidiana. Estamos hablando de los Derechos Humanos y sus tres generaciones. La libertad está defendida por los derechos naturales, la igualdad se relaciona con los derechos cívicos y políticos y finalmente la fraternidad está cubierta con los derechos sociales y económicos.

El estado moderno los ha asumido y garantizado en su Constitución. Conforman una triada muy interrelacionada ya que se ha demostrado que los tres deben aplicarse de manera conjunta para evitar distorsiones que están muy presentes en la sociedad global.

La prioridad de uno de ellos sobre los demás ha propiciado distintas democracias en el mundo. Si ponemos la libertad como principal valor social, tendremos una democracia capitalista que es la más habitual en las llamadas democracias occidentales. En ella prevalece la libertad y diseña unos límites insostenibles de falta de igualdad donde los fuertes se comen a los débiles y la fuerza del dinero, consagrada en el sistema capitalista, rompe cualquier armonía que debe basarse en la fraternidad. Es fácil detectarla por la forma en que participan los distintos grupos sociales en la contribución de los impuestos que son para todos.

Existen multitud de estudios que lo presentan de manera clara y determinante. El nivel de aportación de impuestos de las grandes empresas respecto de las medianas y pequeñas o de los ciudadanos más ricos respecto de las clases medias y trabajadoras. La hiperlibertad genera una gran desigualdad en esa lucha desigual entre los poderosos y los pobres.

Actualmente esta situación tan insolidaria parece que está en crisis porque es una parte significativa de la democracia representativa. Si creemos a Streeck (2019) sociólogo del Instituto alemán Max Planck según explica en una entrevista en el diario El País "La gobernabilidad del capitalismo democrático tal como la conocimos en los años sesenta ha desaparecido. La híper globalización neoliberal lo ha hecho inmanejable." Para señalar más adelante que "Con un sistema financiero fuera de control, el matrimonio de posguerra entre el capitalismo y democracia van rumbo al divorcio."

Por el contrario si ponemos a la igualdad como principal valor social, llegaremos a unos límites insostenibles de falta de libertad donde los gobernantes transforman en títeres a todos los ciudadanos con la fuerza del miedo. Consagrado en el sistema comunista soviético, elimina cualquier forma de crecimiento personal. La desaparición de los derechos humanos y la supresión de la libertad para alcanzar una igualdad generalizada ha llevado a la URSS al colapso en los años ochenta y ha desaparecido.

Por eso nosotros creemos que tanto la democracia capitalista o democracia representativa como la democracia comunista o democracia popular deben ser sustituidas por una democracia que incluya el tercer valor democrático, la fraternidad, como una especie de pegamento que sea el contrapeso necesario para conseguir un equilibrio entre los otros valores. El desarrollo de la fraternidad o solidaridad progresa con la única aportación de la ciudadanía. Esa es su única fuente que se vigoriza con la atención y participación de los mismos en la cosa pública y la consiguiente toma de protagonismo en el funcionamiento de la democracia.

Una democracia que denominamos de las personas, donde los ciudadanos y las ciudadanas son los verdaderos protagonistas del espacio público y quienes deben decidir de forma soberana una democracia de voz y voto, donde se determina que aspectos sociales son exclusivos de toda la sociedad y cuales son aquellos que a través del voto deben ser gestionados por los delegados elegidos.

De esta forma la clase política se debe orientar a aquellos temas que por ser más específicos, más técnicos y complejos de gestionar deben ser ejecutados por una élite más profesionalizada y preparada. Porque, no cabe duda, que la interiorización de los valores democráticos permite generar actitudes de convivencia entre las personas y desarrollar conductas cívicas que incluyan la responsabilidad del sostenimiento activo del espacio común de todos los ciudadanos y ciudadanas.

También hay que tener en cuenta que los valores sociales que rigen la sociedad actual están cambiando en la medida que la nueva sociedad de la información está sustituyendo a la caduca sociedad industrial. Las teorías sobre el cambio cultural que acompaña a la llegada de la nueva sociedad del conocimiento señalan que viene acompañada de un gran desarrollo económico y un apreciable estado del bienestar, por lo que los valores sociales que caracterizaban aquella sociedad industrial basados en la seguridad tanto física como económica se deslizan a otros valores más cercanos a la dignidad de las personas, la calidad medioambiental y la sostenibilidad global. Esto exige un giro claro en el ámbito político acompañado de una plena funcionalidad de los derechos humanos en forma de mayor libertad, participación e igualdad social.

Los principios democráticos en las conductas ciudadanas

Para que una sociedad sea democrática necesita que los comportamientos de sus ciudadanos y ciudadanas lo sean. Y para ello esos comportamientos deben basarse en valores, formas y herramientas democráticas, incluidos en las constituciones y las leyes, que son el mapa y la guía de la conducta.

La democracia se caracteriza, principalmente, por la toma de un gran protagonismo por parte de la ciudadanía, es necesario garantizar que los comportamientos ciudadanos sigan una línea ética para que sus resultados sean valiosos.

En una democracia consolidada hay que distinguir claramente los dos papeles que ejercen los miembros de la sociedad: como persona particular y como ciudadano público. La primera busca una vida plena y un bienestar personal, mientras que la segunda aspira a poder armonizar esos objetivos con el resto de las personas y buscar una convivencia justa con ellas. La democracia no es solamente un sistema político que rige la comunidad pública, sino, también, un modelo de vida que está regido por un conjunto de valores sociales y democráticos.

La sociedad es, por esencia, plural. En ella conviven personas que tienen diferentes concepciones de lo que significa la buena vida, el bienestar personal o la felicidad. Pero de igual manera que conviven distintos enfoques e ideologías, existen muchos puntos en común que comparten entre ellos.

La ética cívica busca encontrar el común denominador que permita garantizar la diversidad de estilos de vida distintos compatible con un marco común de valores y normas cuyo cumplimiento sea exigible y respetado por todos.

La filósofa Cortina (1993) explica la manera de alcanzar ese consenso entre la parte personal y la social: “El pluralismo político consiste en la convivencias de distintas ideologías políticas que comparten una misma base constitucional.(...) Las distintas éticas de máximos consisten en distintas propuestas de vida buena, de vida feliz, que comparten unos valores y orientaciones comunes a los que podemos denominar "los mínimos éticos", o bien una ética mínima". De igual manera Vega-Hazas Ramírez (2010) denomina "moral civil" caracterizada por tres propiedades "es una "ética de mínimos", es plenamente racional, y se establece por consenso".

También Cortina (1995) y en la misma dirección, define "moral del ciudadano" como "la moral que los ciudadanos de una sociedad pluralista han de encarnar para que en ella sea posible la convivencia pacífica, dentro del respeto y la tolerancia por las diversas concepciones del mundo". Esta ética civil, moral civil o moral del ciudadano que denominamos "ética democrática" debe regirse por valores basados en los valores democráticos y otros valores que refuercen aquellos. Según Cortina (1986) los valores básicos deberán ser: "La libertad, autonomía moral, autonomía política, la igualdad, la solidaridad, la tolerancia, la actitud dialógica y la justicia".

De igual manera que existen normas éticas específicas para distintas situaciones como la ética profesional, ética de empresa o deontologías de servicios como jurídica, periodística o sanitaria, no por ello limita la visión y la actuación ética de cada persona, sino que la refuerza.

La ética democrática que estamos construyendo va dirigida a un determinado tipo de rol que todos tenemos, ya que la vida social es inherente a la vida humana y todos pertenecemos y vivimos en una sociedad. Hemos comentado que una de las propiedades de esta ética es que debe ser "plenamente racional", ya que la vida social, la vida con los demás debe contener la mayor carga posible de racionalidad para evitar los conflictos emocionales que estallan fuera del circuito racional y son muy difíciles de evitar. Todas las leyes, normas y reglamentos que deben regir la vida común deben ser profundamente racionales y como tales evaluables y argumentables con criterios lógicos y generales.

Finalmente es importante destacar la necesidad de que esa ética democrática sea desarrollada por consenso, operación habitual en las sociedades democráticas. En este caso, sin embargo, y como se está trabajando con valores que tienen la vocación de ser compartidos por toda la sociedad, es necesario buscar un cierto equilibrio que permita que el conjunto de valores no sea en exceso mínimo, y permita establecer un sistema de valores que sean de verdad útiles en las relaciones sociales.

Básicamente los elementos del sistema político que permiten generar comportamientos basados en hábitos democráticos en la sociedad se pueden agrupar en tres puntos esenciales que se deben implementar de manera conjunta y que están íntimamente relacionados:

- Visibilizar los principios de actuación que deben guiar las conductas por caminos democráticos y los valores superiores que deben asentar los hábitos personales en las relaciones sociales desarrolladas en el espacio público.

- Desarrollar una cultura más democrática.

- Implementar una infraestructura de convivencia que facilite y promueva esas conductas.

Visibilizar los principios de actuación

Los valores éticos son aquellos valores que se incorporan al comportamiento humanos transformándose en hábitos a través de la repetición. Tienen, por lo tanto, una especial importancia en el mantenimiento de una convivencia pacífica y un desarrollo uniforme de cultura dentro de la sociedad. Por ejemplo los valores principales que se afirman en el preámbulo de la Constitución española, y que se quieren establecer en la sociedad son la justicia, la libertad y la seguridad.

Comprobamos que se complementan los valores democráticos (libertad, igualdad y fraternidad) con la justicia y la libertad y ya con menor intensidad, pero prioritario también, la seguridad que queda como meramente expositiva en el Preámbulo. Estos valores son superiores porque detenta la categoría de valores éticos en la sociedad democrática y son la referencia esencial del comportamiento.

Como señala Peces Barba (1984) "La función de la justicia expresa la recepción en la Constitución de valores éticos que el poder democrático asume como propios y los convierte en valores políticos": y de esta forma "(...) el poder constituyente traslada a la Constitución como valores jurídicos". Su importancia es vital para que la dignidad de las personas esté presente en todas las actuaciones políticas y sociales.

Y además según se indica en las Guías Jurídicas de Wolters Kluwer "Asimismo son contenido y razón de fondo, expresión de la legitimidad del sistema político y de la justicia del ordenamiento jurídico en tanto que son cauces para la afirmación de la dignidad humana y de ellos se extraen razones éticas para la obediencia del derecho".

Los principios democráticos están formados por el conjunto de valores, creencias, normas, que orientan y regulan la vida común, es decir la convivencia de los miembros de la sociedad. Los principios son fuentes del Derecho, mientras que los valores individualizados son elementos de interpretación. Estos principios también suelen estar contemplados en los textos constitucionales.

Por ejemplo en la exposición de motivos del Preámbulo de la Constitución española se enumeran los principios y valores constitucionales de la sociedad española: "La Nación española, deseando establecer la justicia, la libertad y la seguridad y promover el bien de cuantos la integran, en uso de su soberanía, proclaman su voluntad de:

1. Garantizar la convivencia democrática dentro de la Constitución y de las leyes conforme a un orden económico y social justo.

2- Consolidar un Estado de Derecho que asegure el imperio de la ley como expresión de la voluntad popular.

3- Proteger a todos los españoles y pueblos de España en el ejercicio de los derechos humanos, sus culturas y tradiciones, lenguas e instituciones.

4- Promover el progreso de la cultura y de la economía para asegurar a todos una digna calidad de vida.

5- Establecer una sociedad democrática avanzada.

6- Colaborar en el fortalecimiento de unas relaciones pacíficas y de eficaz cooperación entre todos los pueblos de la Tierra."

Implementar una infraestructura de convivencia

La infraestructura de convivencia es la plataforma necesaria para potenciar el comportamiento democrático de toda la sociedad y en especial de los gestores públicos de los poderes del Estado. Está compuesta de herramientas, mecanismos y procesos visibles y transparentes que permiten medir y evaluar todos los comportamientos de manera clara y diáfana.

La infraestructura de convivencia debe estar basada en consideraciones éticas que sirvan de referencia de actuación y compromiso de decisión acordes con el sistema democrático de la sociedad. Para ello es necesario diseñar un modelo de actuación conforme con los espacios públicos de los que se dotan los regímenes democráticos para garantizar la libertad de la sociedad.

El modelo de actuación democrática más reconocido corresponde al aprobado por la OCDE en 1997 que fue presentado un año antes (Sacerdoti (2002)). La OCDE estructuró la infraestructura ética en torno a ocho puntos o elementos básicos:

- Compromiso político con líderes ejemplarizantes que, con los recursos adecuados, destaquen la importancia de la ética y apoyen las buenas conductas.

- Un marco legal efectivo, eso es: leyes y regulaciones que establezcan y hagan cumplir una serie de estándares de comportamiento.

- Mecanismos de rendición de cuentas eficientes que dispongan de procedimientos administrativos, auditorías, evaluaciones del desempeño de las agencias, consultas, etc.

- Códigos de conducta factibles que recojan una serie de valores, roles, responsabilidades, obligaciones y restricciones.

- Mecanismos de socialización profesional que incluyan, con especial hincapié, la formación.

- Condiciones de apoyo al servicio público con un trato justo e igualitario, con seguridad laboral y un sueldo adecuado.

- Un órgano de coordinación de la ética.

- Una sociedad civil activa que controle al Gobierno y a la Administración pública.

Desarrollar una cultura más democrática

La cultura es la base principal de las relaciones humanas y la creadora de los principios que rigen la convivencia. Por eso estos principios se manifiestan y se hacen realidad en nuestra cultura, en nuestra forma de ser, pensar y conducirnos, es decir en las conductas personales y sociales.

El proceso consiste, por lo tanto, en diseñar una plataforma social y política que sea útil para informar, entrenar e interiorizar los principios y valores democráticos definidos. Esta plataforma debe ser utilizada por los agentes políticos, protegida y asegurada por los poderes públicos y equipada con los medios, tecnología y publicidad suficiente para que permita un funcionamiento suficiente y actualizado.

De esta forma toda la información relacionada con los temas políticos se centraliza en un escenario social que garantiza la suficiente información para que la ciudadanía pueda opinar, debatir y confrontar con todos los protagonistas. Además es necesario transformar los principios de actuación en protocolos, procesos y herramientas que puedan acompañar de una manera realista a las conductas de los agentes políticos y a la ciudadanía en general. Y convertir los valores superiores en hábitos de conducta para que, a través de la repetición, se añadan a los comportamientos habituales de todos los miembros de la sociedad.

Para conseguir esos objetivos los pasos habituales que permiten trasladar valores, principios o normas en una sociedad están referidos a cuestiones conocidas como formación, ejemplo y obligación. La formación es esencial desde la más temprana edad para que se puedan ir conformando pensamientos y comportamientos democráticos.

La incorporación de esta enseñanza dentro de la educación reglada debe ser imprescindible desde la infancia hasta los estudios universitarios. En el espacio social el ejemplo es un valor incalculable para anunciar la importancia y el fundamento de la democracia en la sociedad. Y el ejemplo debe ir acompañado de las señales que le identifican con lo mejor y lo peor a través de reconocimientos y sanciones. La obligación es la tercera herramienta aunque la que menos se debe utilizar. El castigo, la prohibición y el señalamiento social son herramientas negativas de descrédito social que pueden tener efectos negativos y desembocar en reacciones adversas que generan división.

Distinguir los valores superiores significa que son los más señalados y aceptados por la sociedad y por lo tanto deben ejercerse de manera habitual en un estado democrático para que cumplan una misión de referencia y guía en la interpretación de la legislación y, en consecuencia, en el ejercicio de la justicia. Los principios de actuación deben estar almacenados en la raíz de la cultura que se practique en la sociedad ya que es el motor que impulsa los comportamientos humanos estimulando valores, orientando principios y generando hábitos de acción. Es, pues, en el modelo cultural donde deben arraigar los principios y valores democráticos para establecer la base de la convivencia social. Para ello se necesita un espacio social y político que sea útil para informar, entrenar e interiorizar los principios y valores democráticos definidos.

En primer lugar este espacio debe estar protegido y asegurado por los poderes públicos y debe estar utilizado por los agentes políticos y equipado con los medios, tecnología y publicidad suficiente para un funcionamiento suficiente y actualizado. De esta forma toda la información relacionada con los temas políticos se centraliza en un escenario social que garantiza la suficiente información para que la ciudadanía pueda opinar, debatir y confrontar con todos los protagonistas.

En segundo lugar es necesario transformar los principios de actuación en protocolos, procesos y herramientas que puedan acompañar de una manera realista a las conductas de los agentes políticos y a la ciudadanía en general.

En tercer lugar se necesita convertir los valores superiores en hábitos de conducta para que a través de la repetición se incorporen a los comportamientos habituales de todos los miembros de la sociedad.

Para conseguir esos objetivos los pasos habituales que permiten trasladar valores, principios o normas en una sociedad están referidos a cuestiones conocidas como formación, ejemplo y obligación. La formación es esencial desde la más temprana edad para que se puedan ir conformando pensamientos y comportamientos democráticos. La incorporación de esta enseñanza dentro de la educación reglada debe ser imprescindible desde la infancia hasta los estudios universitarios.

En el espacio social el ejemplo es un valor incalculable para anunciar la importancia y el fundamento de la democracia en la sociedad. Y el ejemplo debe ir acompañado de las señales que le identifican con lo mejor y lo peor a través de reconocimientos y sanciones. La obligación es la tercera herramienta aunque la que menos se debe utilizar. El castigo, la prohibición y el señalamiento social son herramientas negativas de descrédito social que pueden tener efectos negativos y desembocar en reacciones adversas que generan división.

3.3 HERRAMIENTA 1: LA LIBERTAD POLÍTICA COMO EJE DE PARTICIPACIÓN

La libertad es el bien más preciado por la humanidad. Está por encima de la vida y la prueba es la cantidad de sacrificios humanos a lo largo de todos los tiempos para defender la libertad. Libertad es la capacidad de las personas para poder pensar y obrar según sus valores, sus ideas o sus necesidades. Es una capacidad racional dictada por la conciencia y que permite crecer a las personas y poder dirigirse hacia sus objetivos, su plan de vida. Libertad social es otra cosa.

En principio está restringida por las limitaciones que tienen las personas al vivir en sociedad. La existencia de tantas libertades individuales en un espacio tan pequeño delimitado por un territorio donde se vive obliga a buscar acuerdos con formato de reglamento o normativa que permita minimizar los conflictos y acordar las maneras de ejercer las relaciones entre los miembros de la sociedad. Esas normas deben ser justas y que no entren en contradicciones entre sí y, de esta forma, nacen las leyes (el Derecho) como guardianes del valor de la justicia.

<table>
<tr><td rowspan="2">L
I
B
E
R
T
A
D</td><td>ETIMOLOGÍA

Del latín: libertas de liber (libre) y el sufijo tad, que significa «cualidad de», y que indica la «cualidad de libre «, que tiene facultad de pensar, obrar y actuar.</td></tr>
<tr><td>DEFINICIÓN (RAE)

1. Facultad natural que tiene el hombre de obrar de una manera o de otra, y de no obrar, por lo que es responsable de sus actos.

5. En los sistemas democráticos, derecho de valor superior que asegura la libre determinación de las personas.

8. Contravención desenfrenada de las leyes y buenas costumbres.</td></tr>
</table>

	SIGNIFICADO ACTUAL *Libertad política* "En su sentido político y no metafórico, libertad significa la ausencia de interferencia por parte de otros, y la libertad civil define el área de la cual la interferencia de otros ha sido excluida por la ley o por un código de comportamiento, ya sea "natural" o "positivo", dependiendo de cómo se conciba la ley o el código en cuestión." *Isaiah Berlin. (2014).* "Ni el liberalismo ni el socialismo comprendieron que la libertad política, en tanto que libertad colectiva y simultánea, no es una libertad más entre las personales (votar) o de clase (huelga), sino la libertad de constituir el poder político con ella. Un tipo de libertad fundadora, fundante y fundamental que no es libertad de o para, sino libertad creadora y mantenedora de un sistema de libertad política." Antonio García-Trevijano Forte (2010).

Esta reglamentación tan importante que tiene la alta responsabilidad de regular las libertades de las personas pueden ser consensuada, es decir, aceptada por los miembros de la sociedad o bien puede ser impuesta por una o varias personas con la fuerza de las armas o la demagogia de las palabras. En el primer caso estamos hablando de la única forma de gobierno legítima: la democracia. La libertad social, enlazando con el anterior párrafo, consiste en permitir que cada persona pueda hacer lo que desee, mientras no limite la libertad de otras personas. Dicho de otra manera, que no existan interferencias que limiten la libertad, sin leyes que lo justifiquen.

La fuente de las leyes es el derecho (ordenamiento jurídico) que está asociado, según su etimología, con la dirección encaminada hacia un fin, que no puede ser otro que la convivencia entre los miembros de la sociedad y la paz de los individuos, previendo y resolviendo los conflictos que se puedan producir. Sin embargo, la mera presencia escrita en la Constitución no es suficiente para que se pueda ejercer de manera inmediata.

Pasar de las palabras a los hechos exige un conocimiento y una actitud previa de los ciudadanos y ciudadanas para poder ejercer de una manera útil la importante concesión de la soberanía política. Para ello es necesaria una toma de conciencia de cada persona para ser un miembro activo de la realidad política y contribuir en el progreso de la sociedad. Esta toma de conciencia debe confluir con un sentimiento político de responsabilidad que impulse una deliberación sobre los conflictos que afecten a la sociedad y una actuación proactiva sobre las formas de implementar una solución adecuada.

Libertad política y soberanía ciudadana

La libertad política es otro tipo de libertad. Es la libertad de la ciudadanía sobre el Estado, como legítimo soberano de los poderes públicos. Es el derecho indiscutible de participar activamente en el desarrollo de la democracia y de la sociedad. Esta libertad se acompaña del adjetivo "política" para destacar que cualquier limitación a ejercer su libertad en la sociedad debe estar amparada por una ley o un código de comportamiento que debe estar legitimado y motivado. Por eso se dice que la libertad política es a priori una ley defensiva. Como decía Cicerón: «Somos siervos de la ley con el fin de poder ser libres». O más modernamente confirmaba Locke en el siglo XVII: «Donde no hay ley no hay libertad».

Podemos definir la libertad política como aquella que se ocupa de la relación específica que existe entre los ciudadanos y el Estado. Y puesto que los artefactos del Estado son muchos y muy complejos es necesario desarrollar conocimiento de su funcionamiento y sus características. Además la información de contacto está basada en las leyes, de una manera ordenada, clara y sobre todo determinante para evitar las malas interpretaciones que pondrían en peligro el inestable desequilibrio de fuerzas y caer en abusos de poder por parte de la Administración.

García-Trevijano Forte (1996) declara que "la libertad política es producto de una conquista que se cauciona con la potestad social del orden político legitimador de todas la autoridades, o sea, con la libertad de acción de la sociedad hacia el Estado. La libertad sostiene a la autoridad. La libertad política nace como acción y derecho político del pueblo contra la arbitrariedad discrecional del Estado y de los hombres de gobierno en el uso de los poderes sobre la sociedad".

Como toda libertad necesita disponer de cierto poder para que pueda utilizarse y como naturaleza política el alcance de la misma, debe llegar a todo el funcionamiento público. Sin embargo como luego matiza "En el Estado de partidos, los ciudadanos están a merced de los gobiernos por la sencilla razón de que, teniendo las libertades públicas de carácter civil, no tienen, sin embargo, la libertad política para deponer al gobierno que abusa del poder, ni para elegir ellos mismos a los diputados que lo controlen".

Casi todos los autores asignan a la libertad política como libertad negativa, ya que se refiere a la ausencia de coacción, oposición o sujeción externa por parte de terceros. En palabras del filósofo inglés Berlin (1998) la libertad negativa tiene como característica principal el "ámbito en que un hombre puede actuar sin ser obstaculizado por otros". De este modo, libertad negativa es la ausencia de "la intervención deliberada de otros seres humanos dentro del ámbito en que yo podría actuar si no intervinieran".

Pero también tiene su función como libertad positiva, para conseguir ser tu propio dueño o bien participar en los procesos que van a controlar tu vida. Y esto se relaciona como señalan Aguilar y Pollitzer (2017) "En este caso, libertad es autodominio o autonomía, "actuar yo y no que actúen sobre mí"; es "ser libre para algo", i. e., para llevar adelante una determinada forma de vida o alcanzar determinados fines.".

La libertad política, por lo tanto, incorpora la parte práctica de la soberanía. No solamente se mueve en la dirección de disponer de unos derechos básicos por el hecho de ser personas y poseer dignidad, sino que además afirma la soberanía exclusiva para definirlos y aprobarlos a través de la participación pública. La libertad política existe cuando todo el poder político está realmente en manos de la ciudadanía y se distribuye de forma ponderada en cada persona para alcanzar la igualdad política. Además es la única libertad que tiene el mismo efecto en cada una de las personas.

Como explica García-Trevijano Forte (1996) "La libertad política nace y se mantiene en el común sentimiento de la igualdad de poder de cada individuo. Las demás libertades públicas o privadas, al depender en su realización efectiva de las capacidades individuales y de los derechos constituidos, son veneros inagotables de la desigualdad social. Donde no hay libertad política no puede haber igualdad política".

La democracia consagra en la Constitución como principio básico de convivencia la libertad política de su ciudadanía y debe proteger y potenciar a través de una mayor participación pública, una ampliación de la sociedad civil y un mayor compromiso de las personas en el bien común.

Y para ello se debe trabajar en dos aspectos principales: Por un lado implantar una cultura política en la sociedad que destaque la importancia de la participación en la política y el acceso al espacio público como forma de expresión y por otro lado el reconocimiento social y la importancia de potenciar las libertades políticas ciudadanas como herramientas más útiles para presentar y luchar por las reivindicaciones políticas, sociales y personales.

La cultura política nos permite construir en nuestra mente el escenario ideal donde se dirime las relaciones entre los ciudadanos, la compatibilidad de las libertades y derechos personales y finalmente el funcionamiento eficiente del sistema político, es decir, nuestra relación con el Estado y todos sus artefactos (Instituciones, leyes, derechos y libertades, obligaciones, etc.).

Para poder ejercer en ese escenario político es necesario tener libertad de acción dentro de un marco institucional seguro que garantice las libertades de todos los ciudadanos y ciudadanas y la resolución de los posibles conflictos comunes con el Estado.

De esta forma se podrá llevar a la realidad la soberanía política que aún sigue durmiendo el sueño de los justos. Lugar donde algunos colectivos, sobre todo los partidos políticos, y algunos poderes en la sombra, sobre todo el poder económico, quieren que permanezca indefinidamente, con ese letargo e insidia marcados por la falta de cultura, interés y despreocupación. La llegada de la nueva sociedad servirá de acicate y referente para que la sociedad despierte y desempeñe el papel para el que ha sido designada.

La libertad básicamente es libertad de acción y por ello debe ir acompañada de herramientas sociales aplicadas, ya que de otra forma la teoría sin práctica generará malas interpretaciones y búsquedas de caminos sin retorno. Por otro lado, la práctica, sin una teoría que oriente, instruya y determine el mejor funcionamiento, tenderá a avanzar sin objetivos ni metas precisos hacia lugares desconocidos o dañinos, poco razonables y llenos de riesgos.

Teoría y práctica deben ser perfectamente biunívocas para avanzar de manera homogénea y constante. Lo que realmente caracteriza a los ciudadanos de pleno derecho son los derechos políticos. Aquellos que nos dan los recursos aplicados para ser verdaderamente soberanos, es decir, responsables últimos del Estado. Y no solo a través de la capacidad de sufragio universal o el derecho a presentarse a cargo público, sino en la participación total, sin limitaciones, de la construcción de la sociedad de la que forma parte y en sus instituciones públicas.

Por eso es necesario dotar de herramientas democráticas a la ciudadanía para que potencien la participación, permitan una utilización segura, cómoda y con significado y alcanzar los logros democráticos que se pretenden de una manera clara y efectiva: la participación de toda la ciudadanía en el terreno público.

Esas herramientas se denominan libertades y derechos y son el almacén de cualquier actividad pública de los propietarios de la soberanía política sobre los poderes políticos del Estado. Permiten dar la seguridad y tranquilidad de convivencia en la sociedad y la garantía de su dignidad y reconocimiento real como ciudadano y ciudadana efectivos. Conforman los derechos civiles, es decir, los que están relacionados con la vivencia dentro de la sociedad en igualdad de condiciones.

Las libertades pueden ser de dos tipos, las personales y las colectivas. Las personales están dirigidas a garantizar el libre albedrío de las personas en el entorno más íntimo y las colectivas están dirigidas a la capacidad de poder agruparse para defender sus intereses o luchar de manera organizada en la contienda pública.

<table>
<tr>
<td rowspan="2">D
E
R
E
C
H
O
S

C
I
V
I
L
E
S

Y

P
O
L
Í
T
I
C
O
S</td>
<td>ETIMOLOGÍA

Derecho

Del latín: Directus, con el significado de lo rígido, lo recto, lo directo. Deriva del verbo dirigere con el significado de conducir, enderezar, regir, llevar rectamente hacia un lugar. Y más exactamente esa palabra deriva de regere como conducción a un fin determinado.

Coelho (s.f.).</td>
</tr>
<tr>
<td>DEFINICIÓN (RAE*)

- Derechos humanos que protegen las libertades individuales y garantizan la capacidad del ciudadano para participar en la vida civil y política del Estado en condiciones de igualdad y sin discriminación, como los relativos, entre otros, a la protección de la vida, integridad física y psíquica, libertad personal, y libertades de pensamiento, opinión, asociación y reunión.

(*) Diccionario panhispánico del español jurídico</td>
</tr>
</table>

	SIGNIFICADO ACTUAL - Los derechos civiles y políticos son aquellos que garantizan las libertades fundamentales de las personas y su participación en la vida política y social. - Están recogidos en el Pacto Internacional de los Derechos Civiles y Políticos (PIDCP) que fue aprobado por la Asamblea General de Naciones Unidas en su resolución 2200 A (XXI) de 16 de diciembre de 1966. Fuente: https://conceptodefinicion.de/derechos-politicos/

Los derechos están clasificados por generaciones. Los de la primera generación comprenden los derechos civiles y políticos y se denominan, también, derechos de libertad y autonomía. Constituyen las libertades individuales en su doble función de reconocimiento de la dignidad y el crecimiento de cada persona y la herramienta operativa para participar de la vida política de la sociedad.

Estos derechos son jurídicos y recogidos en las constituciones y por tanto son derechos públicos y son negativos en el sentido que el Estado solo se compromete a que los ciudadanos puedan cumplir, sin molestias u hostigamiento, las actividades aseguradas por dichos derechos. Cada vez con mayor énfasis los expertos trasladan a estos derechos públicos al entorno de derechos positivos en el sentido de formar parte de la autonomía de las personas y que aumente la posibilidad de un mejor desarrollo de su personalidad.

Esto exige al Estado desarrollar palancas activas para modificar las condiciones ambientales y sociales hacia el objetivo de que la mayoría de la ciudadanía pueda valerse de ellas para aquellos fines. Estos derechos deben servir para que la mayoría de las personas puedan contribuir activamente a la vida de la sociedad y especialmente a la vida política que la dirige.

En palabras de Calamandrei (1945): "Por consiguiente, los derechos de libertad deben concebirse, sobre todo en un ordenamiento democrático, como garantía de la participación del individuo en la política de la comunidad. Para que sea efectiva y fructífera esta participación no basta con que el ciudadano disfrute de los derechos políticos activos (por ejemplo, el derecho del voto) que le aseguran contar cuantitativamente como unidad en el cómputo de la voluntad común, sino que es preciso que le sea permitido desarrollar y enriquecer su personalidad espiritual en la vida de la comunidad, de manera que pueda hacer valer, en esta tarea, el valor de sus cualidades y que pueda llevar, en el ejercicio de sus derechos políticos, la luz de una conciencia y la guía de una convicción". Para añadir más adelante ".

En este sentido, los derechos de libertad aparecen como garantías establecidas para ayudar al ciudadano a formarse una conciencia política y para hacer posible que éste, con sus cualidades individuales, se convierta en un elemento activo de la vida pública. Todos los derechos de libertad, si se miran desde este punto de vista, se encaminan a desarrollar en el ciudadano las cualidades políticas: la libertad de pensamiento y de religión, la libertad de reunión y de asociación tienden, en sustancia, a favorecer esta expansión del individuo en la vida política de la comunidad, esta «extensión» de su egoísmo a intereses colectivos cada vez más amplios".

Si la cultura facilita las herramientas necesarias para poder navegar por la sociedad y ser persona valiosa, la libertad es el mecanismo que permite ser utilizadas eficazmente. Las herramientas son la teoría y la libertad es la práctica, el espacio donde se pueden utilizar. Si ambas no están sincronizadas el resultado final es imprevisible. Si se dispone de una herramienta pero no se puede utilizar, se olvida la práctica y se descompensa la teoría (el fin de la herramienta), yendo probablemente a parar al pajar de la ideología, es decir, se utiliza de manera espuria, generando prejuicios o fantasmas, falsos sentimientos o lo que es peor, una gran frustración.

La formación en libertad política

Este conocimiento sobre los derechos políticos y los mecanismos que las leyes han determinado y la administración ha diseñado para hacerlos operacionales, exige una formación política teórica y práctica de la ciudadanía. Es imprescindible poner a disposición de los ciudadanos y ciudadanas una formación continua que permita asegurar una democracia de calidad donde se pueda confrontar en igualdad de condiciones las peticiones, los controles y las decisiones que en el uso de su libertad política pueda ejercer la ciudadanía. Este aprendizaje es eminentemente práctico y por eso solo se podrá conseguir aumentando el nivel de responsabilidad de las personas a través de una mayor participación en los asuntos públicos.

Para que las decisiones políticas lleguen al mundo real hay que actuar directamente en los asuntos públicos eliminando la pereza o la irresponsabilidad de dejar todo en manos de intermediarios, poniendo en juego la recuperación las riendas de los actos que afectan a todos y todas. Esto exige una labor de formación y toma de conciencia política de la ciudadanía de la necesidad de actuar y conquistar el espacio público donde se debate la lucha democrática por el poder y la autoridad y lograr, de esta forma, que los procesos democráticos funcionen correctamente y se consolide la esencia de la democracia que se basa en el gobierno y soberanía de la sociedad.

La soberanía, sobre todo, necesita el reconocimiento de los propios detentadores. La ciudadanía debe ser consciente de los derechos y deberes que conlleva ese privilegio y esa responsabilidad práctica que necesita dar el paso desde la palabra hasta la acción. Se resume en la obligación de responsabilidad en el quehacer público.

El primer paso es comprender el escenario político y social donde se ejerce el poder proclamado en las constituciones democráticas. Se debe ejercitar las habilidades necesarias para interpretar los flujos emocionales y las relaciones de poder dentro de la política. Traducidas al escenario político de la sociedad pueden resumirse en las siguientes habilidades:

- Conocer y comprender el funcionamiento del sistema político a través de sus Instituciones, sus leyes y la forma de operar de las relaciones políticas.

- Acceder y comprender la información y comunicación que se intercambian los distintos actores políticos.

El segundo paso es practicar a través de la participación pública en los asuntos del Estado a través de herramientas precisas que permitan acercar la opinión de la ciudadanía a los centros de decisión del Estado. Para ello es necesario que la ciudadanía se incorpore como agente político principal en el debate y la toma de decisiones en el escenario público y en la deliberación y aprobación de las principales leyes y su posterior control y acompañamiento en un entorno de transparencia.

Estas habilidades deben ser reforzadas con competencias emocionales. Goleman, periodista especializado en inteligencia emocional, menciona que la conciencia política implica una toma de "doble conciencia", donde cada sujeto logra identificar corrientes sociales y políticas de las personas que no las muestran con facilidad.

En este sentido Goleman (1996), caracteriza los principales comportamientos de quienes poseen dicha competencia emocional:

- Identifican con facilidad y alertan sobre las relaciones de poder que se desarrollan en un grupo de individuos y podrían afectar a la organización.

- Reconocen las redes sociales con mayor influencia y sus respectivas relaciones de poder.

- Comprenden las principales corrientes de pensamiento que abarcan la visión y conducta de los colaboradores de la organización.

- Realizan una adecuada lectura del contexto organizacional y la realidad externa en el que se desenvuelve.

3.4 HERRAMIENTA 2: LA OPINIÓN CIUDADANA COMO MOTOR DE IDEAS

Vivimos en la denominada Sociedad de la Información donde se dispone de la tecnología necesaria para que la información viaje por todo el mundo a la velocidad de la luz. Las redes enlazan a toda la humanidad y son determinantes en el funcionamiento de la sociedad, por eso en palabras de Castell (2001) "el instrumento fundamental (de la sociedad) no es el mercado sino la red".

<table>
<tr><td rowspan="2">O
P
I
N
I
Ó
N

P
Ú
B
L
I
C
A</td><td>ETIMOLOGÍA

Opinión

Del latín: Opinionis con significado de formar un juicio sobre algo.</td></tr>
<tr><td>DEFINICIÓN (RAE)

Opinión

1. Dictamen o juicio que se forma de algo cuestionable.

2. Fama o concepto en que se tiene a alguien o algo.

Opinión pública

1. Sentir o estimación en que coincide la generalidad de las personas acerca de asuntos determinados.</td></tr>
</table>

	SIGNIFICADO ACTUAL a. La libertad de opinar sobre los asuntos generales o públicos de Estado ("bien común", "necesidad pública", "interés general" ...) y, en conexión con ello, sobre el contenido y la forma del gobierno de Estado, es decir, sobre el contenido y la forma de las decisiones gubernamentales relativas a tales asuntos generales. b. El carácter público de la opinión en un doble sentido, el de poder ser "publicada" (poder ser en principio comunicada a todos los miembros de la asociación política y ser conocida por todos ellos) y el de poder ser debatida públicamente (refrendada o refutada) por todos y ante todos c. El carácter racional de la opinión, en el sentido de que la emisión de la opinión, como su refrendo o refutación, ha de ser realizada mediante argumentos intersubjetivamente controlables; por ende d. La exigencia de que los argumentos se produzcan a partir de principios ("pacto social fundante", "declaración de derechos fundamentales", "constitución de leyes positivas" ...), cuyo contenido es considerado susceptible de "ser público", • e. Entendida así, la opinión pública es sólo el conmutador de un circuito de comunicación racional unitario que conecta los sujetos racionales demandantes de la "sociedad civil" con las respuestas resolutorias del gran sujeto de la política nacional: el "Estado de Derecho". Por consiguiente, formación de la decisión pública y formación de la opinión pública sobre la materia de la decisión son interdependientes y aun coincidentes hasta el punto de que sin ésta no es posible ni válida aquélla. Fuente: Aguilar Villanueva (2017)

Sin embargo cada vez es más difícil diferenciar la información veraz y cierta de la tendenciosa o falsa. Las fuentes de información han desbordado los tradicionales medios (prensa, radio y televisión) y existen tantas fuentes como sujetos estén dispuestos a producirla. En consecuencia la desinformación se hace presente a base de estímulos emocionales que se instalan en las creencias de las personas y se difunde sin control.

La información es un factor esencial para poder escoger con libertad. Y la calidad y garantía de la veracidad de su contenido es imprescindible para formarse juicios reales que no deriven en creencias sin fundamento. Las "fake news", o noticias cuyo contenido es falso, se propagan cada vez con más rapidez, intensidad y extensión por las redes y afectan cada vez a más personas, grupos o sectores de la población.

Su propagación alcanza al núcleo de las democracias y los gobiernos están tomando medidas para poner cierto orden y control en los paquetes de información para minimizar el riesgo de producir daño. Por eso es fundamental que el escenario donde circule la información permita detectar la calidad de la misma y contrastar de manera suficiente diversas fuentes y comentarios críticos para aflorar los aspectos más importantes de las diversas cuestiones y, de esta forma, poder canalizar la información más segura y fiable.

La opinión de cada persona se construye con información obtenida de distintas fuentes cuya veracidad permita entender la realidad y los problemas que puedan surgir. La opinión pública se construye en el espacio público, con temas y cuestiones públicas. Por eso podemos asemejarla a opinión política. La opinión pública se refiere fundamentalmente al fenómeno social de expresión de una sociedad ante determinadas situaciones o circunstancias. Generalmente se refiere a la apreciación o conocimiento que una persona se forma sobre alguna cuestión pública.

Existen tantas definiciones de opinión pública como expertos en el tema. Por claridad me decanto por la definición de D'Adamo y otros (2007): "Expresión de cualquier colectivo que tenga la capacidad de manifestarse acerca de un objeto de origen público o privado, pero de exposición pública, en un ámbito socialmente visible". Por lo tanto la opinión pública debe ser "socialmente visible" para ser conocida y en consecuencia necesita valerse de los medios de comunicación y las redes sociales.

La opinión pública generalizada nace con la creación de los medios que la puedan extender por la sociedad de forma sencilla, barata y permanente: la prensa, la radio y la televisión. La llegada de las redes sociales como Facebook, WhatsApp, Instagram o Twitter con sus propiedades de inmediatez y globalización se va definiendo como un competidor de los medios de comunicación tradicionales, al menos en cuanto a nuevos matices y otras opiniones que complementan o desvirtúan el menú del día que sigue siendo propiedad de los medios de comunicación.

Los emisores de los mensajes públicos, generalmente políticos, son el Estado en su sentido más amplio, los medios de comunicación que sirven también como conductores de la información y la sociedad civil que incluye tanto a las agencias, instituciones y organismos privados como a los propios ciudadanos que pueden trasladar sus opiniones y argumentos a través de las redes sociales.

Esta nueva situación permite darle la vuelta a la dirección de la información pasando de un modelo de información centrípeta donde el usuario va a buscar la información atraído por las noticias, a un modelo centrífugo donde el usuario es el centro donde confluye la información que recibe de multitud de fuentes. Y de esta forma pasar de una comunicación de masas a una comunicación de redes.

Y como consecuencia facilita a los ciudadanos/as diseñar de una manera más personal su agenda pública y basarla más en los gustos e inquietudes personales analizando la información más acorde con nuestras mentalidades e intereses. No cabe duda de que los medios de comunicación son los emisores más importantes gracias a su implantación y la facilidad social para acercarse a cualquier punto de la sociedad. Sin embargo la implosión de las redes sociales y la propia variedad de los medios de comunicación que ahora se crean con mayor facilidad y gran difusión están limitando el liderazgo del llamado "cuarto poder".

Funciones de la opinión pública

Según detalla Santillán (2015) "La opinión pública tiene tres funciones clave: agendar, tematizar y silenciar los temas de debate público (...)". En otro momento Santillán (2007) señala que

“Proponemos que los asuntos públicos que responden a la categoría de political issues, temas controvertidos que tienen un trayecto que va de la elección del conflicto, su exposición y discusión pública hasta la búsqueda de respuestas políticas, pueden analizarse como resultado bien de la visibilidad que tienen (agenda), de las decisiones políticas que generan (tematización) o del silenciamiento que se les impone (espiral del silencio)”.

Estas tres funciones son las partes necesarias para construir la opinión pública. Son una especie de fases por las que deben transitar los asuntos públicos para llegar de una manera clara y estructurada a la sociedad para que sea discutida y en su caso aceptada y termine incorporándose como norma o como criterio legal.

Agendar un tema significa que se visibilice públicamente y por lo tanto se transforme en una noticia o acontecimiento digno de ser comentado. En este caso se incorpora a las agendas mediáticas incorporando los puntos de vista de distintos actores defendiendo su necesidad, desarrollando argumentos a favor o en contra y creando métodos de comparación interna u otros indicadores similares.

Tematizar significa básicamente realizar la discusión pública sobre sus ventajas o limitaciones. Como es evidente detrás de muchos de esos temas existen intereses comerciales, empresariales, políticos o sociales y esos debates deben tener un cierto protocolo de actuación para conducir el debate, ya que pueden afectar al gobierno, los políticos, los investigadores o los periódicos.

Decidir es la parte final donde se construye la opinión pública y los ciudadanos apoyan o deniegan el tema analizado. Es el momento de construir la opinión mayoritaria sobre el tema y por lo tanto revestirla de la importancia y la necesidad de su implementación.

Los medios de comunicación

Tradicionalmente el espacio público estaba únicamente abierto para el gobierno que, de manera unidireccional, lo utilizaba para explicar sus políticas y transmitir sus proclamas. Oficios como pregonero o vocero eran los encargados, a golpe de corneta o tambor, de informar a los vecinos de las consignas del alcalde o la autoridad competente.

Con el triunfo de la burguesía se amplía la esfera pública en los cafés de Inglaterra, los salones de Francia o las sociedades fraternas en España, Alemania u Holanda, donde las personas físicas se reunían para charlar, comentar las decisiones públicas e intercambiar ideas.

También en el siglo XIX aparecieron los periódicos privados y de esta forma la opinión pública y se inicia el proceso de vigilancia y denuncia del poder político de manera continua. De esta forma el periodismo se incorpora de manera efectiva a la esfera pública influyendo en las agendas de los gobernantes y otros poderes políticos. Ha nacido el cuarto poder que sirve de contrapeso a los tres poderes públicos. La prensa ayuda a entender, descubrir, analizar e interpretar los aspectos más públicos de las acciones de los políticos y grupos de presión de la sociedad.

El ciudadano/a pasa a estar mejor informado aunque sigue mudo en la esfera pública, ya que su alcance es muy limitado todavía. Sin embargo las noticias de una fuente independiente del gobierno (dentro de un orden) le permiten aumentar el conocimiento de lo público y empezar a darse cuenta de la dimensión e importancia que tiene. Se empieza a formar como ciudadano/a y a comprender la necesidad de incorporarse a la esfera pública como agente político y sujeto activo de la empresa común representada por el Estado.

Hoy día el espacio público es mucho más complejo. La llegada de Internet ha permitido ampliarlo hasta el infinito y las tecnologías de comunicación han facilitado la interconexión total. De esta forma los cafés, las tertulias, los salones y las sociedades culturales, han dado paso primero a los medios de comunicación de masas y después a las redes digitales que permiten una comunicación inmediata, puntual y completa.

Las fuentes de información

Las principales fuentes de noticias son las instituciones públicas y los partidos políticos que necesitan transmitir, de forma unívoca, su labor y sus promesas a los ciudadanos en esa lucha por la competencia del voto. Por esa razón se mueven en dos direcciones complementarias, por un lado destacar la bondad y el acierto de sus actuaciones y por otro lado resaltar los errores y los defectos de sus contrincantes.

Sin embargo esta linealidad de la información del emisor al receptor exclusivamente está siendo sustituida por sistemas de comunicación más complejos. No solo porque se han incorporado nuevos emisores sino también porque la dirección de la información ya es biunívoca, ya que cada vez es más necesario escuchar a la ciudadanía para transformar sus peticiones y opiniones en ofertas electorales incluidos en los programas electorales.

Dos son las causas principales de esta doble dirección. La primera es la sustitución progresiva del reclamo de votos a través de la ideología de los partidos por las ofertas concretas y actuales que llenan los programas electorales para aumentar la confianza de la capacidad de los cargos públicos y capturar el voto. La segunda es la puesta a disposición de la ciudadanía de tecnología de comunicación barata y de largo alcance que le permite incorporar, matizar y complementar opiniones que van creciendo de manera exponencial y de esta forma conforma información importante a base de las opiniones individuales que confluyen en las redes.

Los emisores de información han crecido con la incorporación de los medios de comunicación que han dejado de ser meros medios de transmisión para convertirse en creadores de noticias propias y la llegada de la sociedad civil en su doble faceta de auditora y controladora externa de la labor gubernamental y política con la invasión de nuevos territorios públicos, sobre todo sociales, que estaban abandonados o mal cubiertos por las instituciones públicas.

Podemos señalar que los emisores/receptores principales de comunicación política son, lógicamente, los agentes políticos y sus agrupaciones. Ciudadanía, sociedad civil, partidos políticos y las instituciones que comprenden los “cuatro” poderes de la sociedad (Legislativo, Ejecutivo, Judicial y Medios de comunicación). Estos agentes sociales y políticos utilizan el espacio público para colocar sus opiniones con el objetivo de que sean públicas y sirvan de denuncia, referencia o argumentación para lograr los objetivos previstos.

3.5 HERRAMIENTA 3: EL ESPACIO PÚBLICO COMO LUGAR PARA LA DELIBERACIÓN

La relación entre comunicación y política es tan antigua como las agrupaciones humanas y la necesidad de la organización del poder dentro de ellas. Primero para conocer la opinión sobre el gobernante y la información que circula a su alrededor. Después para transmitir consignas y propaganda al pueblo desde el poder. Finalmente para transmitir y recibir entre ambos los valores, principios e ideas que se quieren implantar en la cultura política.

En democracia la comunicación de información y el debate sobre la misma es fundamental para el desarrollo de la misma y sobre todo para legitimar el poder y aceptar las normas de convivencia.

(tabla página siguiente)

COMUNICACIÓN POLÍTICA	**ETIMOLOGÍA** *Comunicación* **Del latín**: *Communicatio* que a su vez deriva de *communicare* con el significado de compartir o poner en común. Esta última deriva de *commūnis* con el significado de común. "Así pues, etimológicamente, el significado de fondo de la palabra comunicación es la idea de poner nuestras ideas y pensamientos en común con los de otra persona, pues lo común es aquello que se comparte". Fuente: Fabián Coelho. Etimología de comunicación. Diccionariodedudas.com

	DEFINICIÓN (RAE) *Comunicar* 1. Hacer a una persona partícipe de lo que se tiene. 2. Descubrir, manifestar o hacer saber a alguien algo. 3. Conversar, tratar con alguien de palabra o por escrito. 6. Consultar con otros un asunto, tomando su parecer.
	SIGNIFICADO ACTUAL "La comunicación política es el intercambio de mensajes de todo tipo que acompaña necesariamente a la toma de decisiones sobre conflictos de interés colectivo y está presente en las fases del proceso político, como son "la expresión de demandas, definición de la cuestión que es objeto de conflicto, la elaboración y negociación de propuestas de intervención, la movilización de apoyos para cada una de dichas propuestas, y la adopción y aplicación de una de ellas". Vallés (2003) "El proceso de comunicación política "consiste, fundamentalmente, en el intercambio de mensajes de orden político, entre emisores y receptores. Dichos papeles pueden ser desempeñados de manera indistinta o simultánea por gobierno y ciudadanos en un marco del sistema social". Fuente: Ochoa (1999)

La comunicación política se refiere a cualquier información relativa al sistema político, principalmente de los agentes políticos, y en concreto, según detalla Vallés (2003) cuestiones como "la expresión de demandas, definición de la cuestión que es objeto de conflicto, la elaboración y negociación de propuestas de intervención, la movilización de apoyos para cada una de dichas propuestas, y la adopción y aplicación de una de ellas".

De esta manera identificamos la relación imprescindible entre los tres elementos que crean y canalizan la información pública dentro del sistema político y que es la savia que alimenta las sociedades democráticas: una fuente de información (generalmente los agentes políticos), unos medios de comunicación (generalmente los medios de comunicación y los propios agentes) y un sistema de comunicación que permite trasmitir la información de manera instantánea. Shannon y Weaver (1949) desarrollaron una teoría matemática de la información que sirvió de base para un desarrollo profundo de la teoría de la información. Para ello diseñaron un sistema de comunicación general, que básicamente se puede resumir en el siguiente esquema:

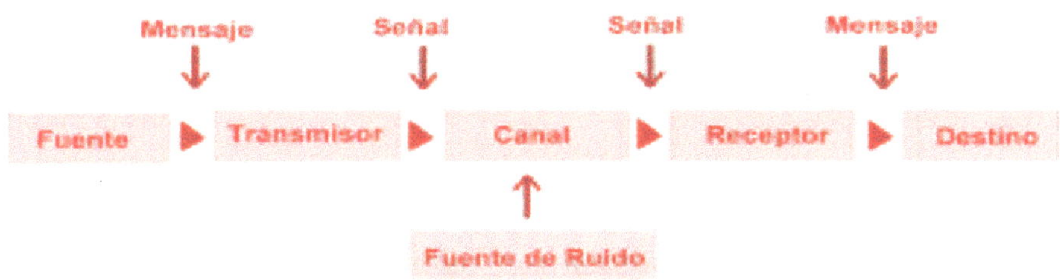

Elaboración propia

Como se observa, en un sistema de comunicación, destacan tres elementos fundamentales. Por un lado el Emisor o Fuente del mensaje, por otro lado el propio contenido del mensaje y finalmente el receptor o destino del mensaje. El objetivo de este sistema es la transmisión y recepción de información a través de tecnología y que puede llegar a ser biunívoca, es decir, puede existir información de retorno desde el destino, por lo que fuente y destino se transmutan en cada paquete de información.

Este intercambio de información que fluye en los espacios públicos se encauza dentro de lo que se denomina comunicación política que no es más que un mecanismo que enfrenta las ideas de la clase política y la sociedad civil. Permite reconocer los conflictos sociales que de otra manera permanecerían ocultos a los poderes públicos y que podrían desembocar en graves enfrentamientos o desórdenes o sencillamente en el olvido de las personas para quienes se están gobernando.

El espacio público es una especie de ágora griega donde los ciudadanos libres expresaban sus pensamientos públicos, y a través de la deliberación alcanzaban consensos y acuerdos que luego el gobierno se encargaba de ejecutar. En un mismo acto y en un mismo lugar se informaban, se comunicaban y acordaban. Es uno de los elementos más importantes para construir una democracia real.

Cada vez, con mayor intensidad, es la prolongación del acto de votar y la elección de los representantes de los partidos. Su funcionalidad es un apoyo para alcanzar una democracia participativa, donde la opinión de los ciudadanos/as es influyente en la toma de decisiones públicas.

<table>
<tr><td rowspan="2">E
S
P
A
C
I
O

P
Ú
B
L
I
C
O</td><td>ETIMOLOGÍA

Espacio

Del latín: Spatium con significado tiempo de espera y posteriormente distancia entre dos puntos.

Público

Del latín: Publicus (hacerlo visible para el pueblo) que deriva de populicus (perteneciente al pueblo)</td></tr>
<tr><td>DEFINICIÓN ((RAE*)

Público

1. Conocido o sabido por todos.
2. Dicho de una cosa: Que se hace a la vista de todos.
3. Perteneciente o relativo al Estado o a otra Administración. Colegio, hospital público.
4. Dicho de una cosa: Accesible a todos.
5. Dicho de una cosa: Destinada al público.
6. Conjunto de personas que forman una colectividad.
Propiedad pública: Todo bien cuya titularidad corresponda al Estado, Comunidades Autónomas, Ayuntamientos o cualquier otro ente público. La propiedad pública engloba una serie de conceptos entre los que se incluye el <u>espacio público</u>, el bien público y el dominio público.

*(Diccionario del español jurídico)</td></tr>
</table>

SIGNIFICADO ACTUAL

Es el ámbito donde se desarrolla la opinión pública en el marco de las democracias modernas. Así pues, existe lo territorial, lo físico, equivalente al espacio público; mientras que la interacción (comunicación) se daría en el plano de la esfera pública. La esfera pública debe ser donde se desarrolle la libertad de expresión, una partición libre en la política y la prensa, no una realidad construida por los medios.

La esfera pública estaría "configurada por aquellos espacios de espontaneidad social libres tanto de las interferencias estatales como de las regulaciones del mercado y de los poderosos medios de comunicación. En estos espacios de discusión y deliberación se hace uso público de la razón; de ahí surge la opinión pública en su fase informal, así como las organizaciones cívicas y, en general, todo aquello que desde fuera cuestiona, evalúa críticamente e influye en la política.

Fuente: Habermas (1982).

El objetivo fundamental del espacio público es crear opinión pública a través de la construcción de razonamientos, argumentos y comentarios de la sociedad. Por eso la extensión y el acceso de la esfera pública son determinantes para conseguir una mayor, mejor y diversa información que permita una aproximación más exacta de la realidad.

Las conductas humanas se pueden dividir en tres grupos: las públicas, las privadas y las íntimas. Las públicas se refieren a las actuaciones públicas generalmente con otras personas presentes y realizadas en lugares donde pueden llegar todas las miradas y todos los oídos y por lo tanto pertenecen a toda la sociedad. Las privadas están restringidas a un núcleo de personas más cercanas y suelen estar relacionadas con la familia, los amigos o los compañeros. Las íntimas pertenecen exclusivamente a la propia persona o, a veces, a alguien muy cercano como la pareja, los hijos o los familiares directos. Son tres círculos que tienen líneas difusas como fronteras.

En el enfrentamiento dialéctico entre espacio público y espacio privado, la política se va adentrando en zonas privadas donde intervienen varias personas como familia, amigos o empresas. Por el contrario el espacio íntimo de cada persona se va ensanchando con derechos cada vez más importantes como el suicidio, el aborto o la eutanasia.

Podemos afirmar, a costa de ser demasiado inexacto, que la esfera política alcanza a todos los actos donde intervienen al menos dos personas y la esfera íntima incluye cualquier actuación donde solo esté involucrado un único sujeto. Yo decido si quiero abortar pero sin embargo cualquier incidente dentro de la familia, como la violencia de género, forma parte de la esfera pública. En ello está involucrado sin duda el camino emprendido hace tiempo de la igualdad entre hombre y mujer o los derechos innatos de los menores.

Cuando hablamos de espacio público nos estamos refiriendo al círculo más externo y visible donde se realizan las acciones públicas. Es un espacio donde nos integramos de manera colectiva para tener influencia en el poder público, es decir, estamos hablando de la esfera política. Según señalan Rodríguez Manzanares y otros (2011) "Un espacio público será el escenario en el que se presenten los diferentes actores de la comunicación política para exponer sus puntos de vista; en él se observan las confrontaciones de las opiniones, la forma de llegar a acuerdos y las decisiones que se toman por la mayoría, al mismo tiempo que refleja los avances y problemas que una democracia tiene.

Esfera pública y correlación de factores que interactúan en ella

Fuente: Mesa Escobar (2014)

La esfera política es el lugar físico o virtual que sirve de punto de unión entre los ciudadanos y los políticos. Es el espacio donde ejercitamos nuestros derechos privados y públicos para trasmitir nuestros problemas o nuestras soluciones a los problemas que como sociedad podemos tener. Los espacios son necesarios para que todos los ciudadanos se sientan reconocidos, iguales y con voz para defender sus ideas, creencias o intereses públicos.

Por eso es tan importante que sean espacios abiertos y sin censuras previas tan solo cerrados excepcionalmente a opiniones que inciten a desprestigiar o canalizar sentimientos de odio o maldad. Es muy importante para la vida política que ese espacio sea eficiente y permita conectar de una manera permanente ciudadanos y políticos para que la realidad sea el criterio del gobierno y del juego político.

Por eso, es necesario que ese espacio público esté protegido, por las leyes y los gobiernos, a través de derechos y libertades ya que va a ser un firme conductor de las opiniones de los ciudadanos que buscan influir en los gobiernos. De esta forma podemos hablar de espacios democráticos consolidados.

El espacio público es el lugar común de encuentro de los miembros de la sociedad. En él se gestan y desarrollan los conflictos entre las personas ya que es el lugar donde se realizan las opiniones, los debates y los enfrentamientos para conseguir el poder.

Dominar el espacio público permite disponer del poder necesario para gestionar la cosa pública. Tradicionalmente ese espacio ha sido ocupado por determinados agentes como la monarquía, la nobleza o la alta burguesía de una manera exclusiva y permanente. De esta forma desarrollan el relato de una realidad (ideología) que permite modular a la opinión pública. Y de esta forma intentan legitimar el ejercicio del poder influyendo en el fin que le acompaña.

La incorporación de los medios de comunicación (el cuarto poder) empezó a competir con la descripción de la realidad de los gobiernos y la clase política y económica, permitiendo una visión crítica de la forma de realizar su trabajo los poderes públicos.

Todos estos canales de información utilizados por agentes tan distintos permiten disponer de un caudal de información suficiente para construir una opinión pública más veraz y completa. Por eso el espacio público es el lugar para preservar especialmente, ya que es propiedad de todos los ciudadanos y ciudadanas y por ello debe ser una prioridad del Estado que ha de ser muy cuidadoso en su defensa.

Participación ciudadana y espacio de interacción

Participar significa debatir y para ello hace falta definir el espacio donde se realizará ese intercambio de información y, en su caso, la toma de decisiones correspondiente. Como señala Velásquez y González (2003) "Es decir, es una acción racional e intencional en busca de objetivos específicos, como pueden ser tomar parte en una decisión, involucrase en alguna discusión, integrarse, o simplemente beneficiarse de la ejecución y solución de un problema específico".

La participación ciudadana, utiliza herramientas específicas y busca objetivos precisos dentro de una democracia. Como señala Espinosa (2009) "Entonces, la participación ciudadana —aun cuando no pueda decirse que haya una concepción unívoca del vocablo— nos remite al despliegue de un conjunto de acciones (expresión, deliberación, creación de espacios de organización, disposición de recursos) mediante las cuales los ciudadanos se involucran en la elaboración, decisión y ejecución de asuntos públicos que les afectan, les competen o, simplemente, son de su interés. Entendida así, de entrada, podría afirmarse que ésta nos remite a un tipo de interacción particular entre los individuos y el Estado, a una relación concreta entre el Estado y la sociedad, en la que se pone en juego y se construye el carácter de lo público".

Es interesante el desarrollo del corolario que titula: "entender a la participación ciudadana como un espacio de interacción, comunicación y diferenciación entre el sistema estatal y el social". Entre otras cosas explica que "La participación ciudadana es concebida como un mecanismo que permite reducir y procesar la complejidad de las demandas sociales y económicas que han de ser atendidas por el sistema político en su conjunto. Y más adelante concluye que "Finalmente, la participación ciudadana, concebida como un puente entre la sociedad y el Estado, implica mirar estos dos polos de la relación no como antagónicos, sino como complementarios." De esta forma la participación ciudadana legitima el espacio público que permite interactuar a los agentes políticos.

Las prioridades de la información. Las agendas políticas

Una cuestión importante es determinar el proceso que permite pasar del mundo de las ideas al mundo real de la acción política. Trasladar lo importante o lo urgente que considere una institución pública a la realidad mediática, bien para debatirlo o anunciarlo y que tome relevancia pública, bien para desviar la atención sobre algún tema previo que se ha colado en los medios.

La agenda Setting es un elemento de la teoría general de la información que sirve para delimitar aquellos temas y noticias que se consideran relevantes, ya que es imposible discernir entre la infinitud de ellas que continuamente están llegando al espacio público. Contiene de manera dinámica el conjunto de temas que de forma prioritaria se reconoce que están en disposición de resolverse, es decir, que precisan una toma en consideración y una solución. Es una agenda social que va marcando los temas de debate y de actualidad, señalando los temas del día o de la semana y los aspectos más destacados de los mismos.

Presenta a la sociedad el menú del día aderezado con la dirección por donde deben ir los debates. Su objetivo es detectar la opinión pública para fortalecer la propuesta o en otro caso busca crear esa opinión favorable para desarrollar propuestas enriquecidas o matizadas por la ciudadanía. Según señalan Vidal y otros (2015) "La agenda-setting se centra en el estudio de cómo la agenda establecida por los medios de comunicación influye en la agenda del público. Los medios hacen algo más que establecer la agenda, porque además de seleccionar los temas a discutir, establecen los parámetros bajo los cuales se va a juzgar o discutir esa agenda. Establecen los estándares de esa discusión".

Los principales elementos que constituyen la agencia setting son los temas que forman parte de ella y que principalmente llegan a los medios de comunicación lo que implica que deben ser impactantes, problemáticos o sorpresivos para que sean interesantes a los medios. La relevancia mide la prioridad que tiene cada uno y que suele venir reflejada en el espacio mediático que se le asigna, el tiempo de permanencia que dura y la disponibilidad a debate que genera con el que se retroalimenta en la agenda. La cercanía y la sintonía con el contenido del tema también tienen especial significancia ya que permite una mayor o menor influencia en la ciudadanía.

Todos estos aspectos condicionan y determinan la importancia de los temas tratados, aunque en ocasiones algunos de ellos toman un protagonismo inesperado cuando se encadenan con otros o sirven para aflorar algunos secretos ocultos. Tradicionalmente el encargado de realizarla es el cuarto poder (medios de comunicación social), pero en los últimos años los gobiernos y los partidos políticos disputan esa hegemonía. Últimamente y debido a la fortaleza que está tomando la Sociedad Civil también participa en ese debate tan relevante para llevar las noticias a la ciudadanía.

Esta Agenda marca una realidad basada en la composición de varias noticias y acontecimientos que están ocurriendo y que componen un estado de opinión y de situación social entre la población. De esta forma se está recortando la capacidad de atención de los ciudadanos y dirigiendo su visión hacia determinados temas que se consideran más interesantes.

Lógicamente la selección de noticias o temas es la cuestión más importante y a ello se afanan todos los agentes que se desenvuelven en el escenario público como partidos políticos, Sociedad civil, medios de comunicación y el propio Estado. Cada uno de ellos dispone de una agencia específica que busca influir en la agenda pública que es la más expuesta a la sociedad y por lo tanto la más determinante. Los políticos (agenda política), los medios de información (agenda mediática) y la sociedad civil (agenda ciudadana) luchan por incorporar sus temas más prioritarios o urgentes a la Agenda Pública y conseguir, de esta manera, que sean reconocidos, debatidos y solucionados.

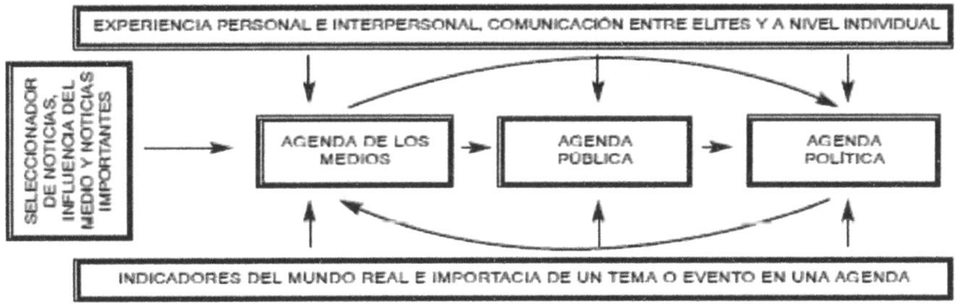

Fuente: Rogers, E. M. y Dearing, J. W. (1988). Agenda-setting research: Where has it been? Where is it going? In J. A. Anderson (Ed.), Communication yearbook, 11 (p. 555-594). Newbury Park, CA: Sage.

El establecimiento de la Agenda tiene una gran importancia social y política ya que determina los temas o noticias relevantes para la sociedad y con ello se consigue dos cosas trascendentes: primero dirigir la atención del público de manera más prioritaria hacia determinados temas o noticias y segundo asignarle un grado de importancia a través del formato de su presentación.

Por lo anterior podemos deducir que, en primer lugar, nuestras visiones y esquemas mentales son efecto directo y simplificado de los medios de comunicación. En segundo lugar priorizamos y debatimos los temas que los medios nos presentan, teniendo los ciudadanos una mínima participación en su selección.

Estos dos aspectos son muy determinantes para la construcción personal del mundo y sus problemas y reducen drásticamente la posibilidad de debatir sobre temas que nos afectan directamente, al quedar inmersos en los grandes acontecimientos.

TEXTOS REFERENCIADOS

- Aguilar, Enrique y Pollitzer, María. (2017). "Libertad política". En Diccionario Interdisciplinar Austral, editado por Claudia E. Vanney, Ignacio Silva y Juan F. Franck. URL= http://dia.austral.edu.ar/Libertad_política

- Aguilar Villanueva, Luis F. (2017). Una reconstrucción del concepto de opinión pública. Revista mexicana de Opinión pública. Volumen 23, Número C.

- Aldret, Ana Díaz (2017). Participación ciudadana en la gestión y en las políticas públicas. Gestión política pública vol.26 no.2 México jul./dic. 2017

- Berlin, Isaiah (1998). "Introducción" y "Dos conceptos de libertad" en Cuatro ensayos sobre la libertad. Madrid: Alianza Editorial.

- Calamandrei. Piero (1945). Prólogo a la reimpresión de la obra de Francesco Ruffini I diritti di liberta (L'avvenire dei diritti di liberta).

- Castells, Manuel (2001)., La galaxia internet, Areté, Barcelona.

- Cortina, Adela (1986), Ética mínima, Tecnos.

- Cortina, Adela (1993). Ética aplicada y democracia radical, Tecnos.

- Cortina, Adela (1995). Ética civil y religión, PPC.

- D'Adamo, García y Freidenberg (2007). Medios de comunicación y opinión pública. McGraw Hill.

- Espinosa, Mario (2009). La participación ciudadana como una relación socio–estatal acotada por la concepción de democracia y ciudadanía. Andamios vol.5 no.10 México abr. 2009.

- Font, N. (1998). Democràcia i participació ciutadana: algunes experiències innovadores. Barcelona: Editorial Mediterània.

- García-Espín, P. y Jiménez Sánchez, M. (2017). Los procesos participativos como potenciadores de la democracia. Explorando los efectos, mecanismos y evidencias en la sociedad civil. Revista de Estudios Políticos, 177, 113-146. doi: https://doi.org/10.18042/cepc/rep.177.04

- García-Trevijano Forte, Antonio (1996). Frente a la gran mentira. Espasa Calpe.

- García-Trevijano Forte, Antonio (2010). Teoría pura de la República. Editorial El Buey Mudo, Madrid.

- Goleman, Daniel (1996). Inteligencia emocional. Kairós.

- González Marregot, Miguel (2009). Empoderamiento, participación ciudadana y gestión local. Accesible en: http://ciudadanolibre.blogspot.com/2009/06/empoderamiento-participacion-ciudadana.html

- Habermas, Jürgen (1982): Historia y crítica de la opinión pública, Gustavo Gili.

- Hart, Roger (1993). La participación de los niños: de la participación simbólica a la participación auténtica. Editorial Nueva Gente, Bogotá, Colombia.

- Llancar Etcheverry, Carlos Alfonso (2008). Sociedad civil y participación ciudadana - cómo los actores sociales se hacen parte de las decisiones. Interações (Campo Grande) vol.9 no.2 Campo Grande July/Dec. 2008. Acceso en http://www.scielo.br/scielo.php?script=sci_arttext&pid=S1518-70122008000200007

- Mesa Escobar, Julio Eduardo (2014). Esfera pública: entre lo político y la política en la construcción de la opinión política. Revista Departamento de Ciencia Política nº. 5 / Enero - junio de 2014.

- Morales Morales, Ernesto (2016). Empoderamiento y transformación de las relaciones de poder. Tesis doctoral.

- Ochoa, Oscar (1999), Comunicación política y opinión pública, México, McGraw-Hill.

- Rappaport, (1984) Studies in empowerment: introduction to the issue. Revista Prevention in Human Services, n. 3, 1-7.

- Rodríguez Manzanares, Eduardo, O' Quinn Parrales, José Antonio, Reyes Montes, María Cristina y Morales Gómez, Juan Miguel (2011). Reflexiones sobre la comunicación política. Espacios Públicos, vol. 14, núm. 30, enero-abril, 2011, Universidad Autónoma del Estado de México.

- Rodríguez Morillo, Manuel Jesús (2016). Medios de comunicación online y empoderamiento ciudadano: oportunidades y riesgos. Revista Internacional de Pensamiento Político - I Época - Vol. 11.

- Rogers, E.M. y Dearing, J.W (1988). Agenda-settting research: Where has it been? Where is it going? In J.A. Anderson (ed.) Communication yearbook, 11. Newbury Park, Ca: Sage.

- Sacerdoti, Giorgio (2002). La Convención OCDE de 1997 sobre la lucha contra la corrupción de los funcionarios públicos extranjeros en las transacciones comerciales internacionales. Agenda 1nternacional Año VIII. W 17. 2002.

- Santillán, J.R. (2015) Teorías de la comunicación y opinión pública. Revista de ingeniería en comunicación social, número 90 junio – agosto 2015.

- Santillán, J.R. (2007). De la información a la opinión. Modelo para el análisis periodístico de los temas políticos. Revista Razón y Palabra.

- Shannon, Claude E. y Weaver, Warren (1949. The Mathematical Theory of Communication. Univ. of Illinois Press.

- Streeck. Wolfgang. El País (3/3/19)

- Valles, Joseph M. (2003), Ciencia política. Una introducción, España, Ariel.

- Vega-Hazas Ramírez, Julio de la (2010) La ética civil como factor de cohesión en la sociedad pluralista. https://www.bioeticaweb.com/la-actica-civil-como-factor-de-cohesiasn-en-la-sociedad-pluralista/

- Velásquez, Fabio y González, Esperanza (2003). ¿Qué ha pasado con la participación ciudadana en Colombia? Fundación Corona.

Vidal, Francesca, Moreno Ortiz, Inés y Rodríguez Quevedo, Sylvia (2015). Agenda-Setting. Teorías de la comunicación. PDF.

- Wolters Kluwer. Guías Jurídicas. Valores superiores y principios generales del ordenamiento jurídico.

CAPÍTULO 4. EL FIN: LA CIUDADANÍA RECUPERA LA SOBERANÍA

Este capítulo detalla la lucha entre David ciudadanía y Goliat partidos políticos. Quizás se peque de optimismo e incluso de ingenuidad, pero al menos se plantea una opción que habla de futuro y que apela a la responsabilidad de toda la ciudadanía para no dejarse, otra vez, vencer por una pequeña élite política que quiere recuperar el papel dominante que durante tantos siglos asoló y abusó en tantas sociedades.

El principal objetivo de la construcción de la democracia moderna por parte de la burguesía vencedora de la monarquía absoluta era igualar el pulso de la ciudadanía ante el Estado y sus nobles y eliminar los privilegios de sangre. Que los derechos y libertades fueran iguales para toda la población y que la sociedad, en su conjunto, asumiera el protagonismo de su futuro.

El punto más débil de la democracia, como hemos observado, es trasvasar todo el poder soberano a los representantes políticos porque rápidamente se adueñan de él. El tipo de democracia existente es representativa y a esos representantes elegidos, que no se eligen libremente sino bajo listas cerradas y bloqueadas de candidatos de los partidos políticos, la ciudadanía ha cedido su poder sin posibilidad de realizar un control ni rendimiento de cuentas, de la forma que lo utilizan.

Por eso el plan de acción del rescate de la democracia se inicia con la primera propuesta que modifica sustancialmente la cualidad y el perfil de los representantes al convertirlos en meros delegados de la ciudadanía sin las prerrogativas y los derechos del representante, definiendo al delegado como un apoderado técnico que en ningún caso detenta poder político propio alguno y siempre debe estar sujeto a las disposiciones que señale el pueblo soberano.

De esta manera los puntos esenciales de la democracia relacionados con el poder político son dirigidos por la ciudadanía, bien de manera directa a través de referéndum o convocatoria semejante, bien nombrando delegados para la gestión directa del funcionamiento de los poderes políticos. Para ello es imprescindible garantizar la independencia de los poderes políticos y evitar así el riesgo de que vuelvan a unirse y formar nuevamente un poder absoluto. Esa será nuestra segunda propuesta.

La mejor manera de controlar a los distintos poderes es coordinarlos de tal manera que sirvan de contrapesos entre ellos y garantizar los límites de cada uno que delimitan con los demás. La única manera de garantizar su independencia es evitar que un mismo grupo pueda estar presente en más de un poder y para ello es necesario delimitar y diferenciar los roles de los posibles candidatos y que todos ellos sean elegidos exclusivamente por la ciudadanía. De alguna manera se trocea "el negocio" para aislar los poderes y conseguir la independencia entre ellos por el perfil del trabajo político que se debe realizar.

Finalmente la tercera propuesta quiere definir claramente el perfil de los distintos actores políticos que se mueven en el sistema político para evitar que un mismo grupo ciudadano pueda presentarse a poderes diferentes, de tal forma que la independencia de los poderes políticos implique la independencia de los grupos representados en cada uno de ellos.

Todos tendrán responsabilidades públicas y un rol determinado que determinará distintos cometidos para garantizar de esta forma unas funciones propias y unas reglas de juego conocidas evitando los monopolios y fomentando la competencia democrática, donde los soberanos puedan elegir sin limitaciones a sus delegados.

4.1 LA ACTIVACIÓN DEL PODER SOBERANO

El primer debate sobre el alcance de la soberanía popular tiene como protagonistas a dos grandes padres de la democracia moderna. Locke y Rousseau representan las dos opciones en la interpretación del concepto de soberanía. Por una parte Locke aboga por la delegación de esta en representantes y Rousseau considera que debe ser ejercida por la ciudadanía directamente. Democracia representativa y democracia directa. Parece que, de momento, ganó el primero y el segundo ha quedado difuminado. Como siempre, hay que ir a buscar la mejor solución en el centro del debate. Así surge la democracia participativa que permite utilizar lo mejor de ambas opciones.

No cabe duda alguna de que la guerra para recuperar la democracia debe basarse en los valores y herramientas políticas que dota la Constitución democrática. Por esa razón siempre hay que tener presente el Estado democrático, legal y social que representa y en el que se basa la convivencia de toda la sociedad. Empecemos recordando los objetivos principales que debemos tener presente en la estrategia y táctica que se determine para enfocar el rescate.

El Estado democrático, legal y social

Como bien se resume en el artículo 13 de la primera Constitución española "La Pepa" promulgada el día 19 de marzo de 1812 "El objeto del gobierno es la felicidad de la Nación, puesto que el fin de toda sociedad política no es otro que el bienestar de los individuos que la componen". Es decir, el principal objetivo político es la construcción de un Estado del Bienestar para aumentar la felicidad de su ciudadanía. Para conseguir este fin esencial la sociedad debe impregnarse de un extenso espíritu democrático y utilizar los mecanismos y herramientas que aporta la legalidad vigente.

Espíritu democrático. Con ello se quiere significar que la ciudadanía es poseedora de la soberanía de los poderes políticos y, en consecuencia, tiene la capacidad de elegir sus representantes y participación pública. También que son respetados los derechos y libertades fundamentales. Dos son las premisas que definen un Estado democrático. Por un lado el pluralismo político y por otro lado la participación social que deben garantizar las condiciones de actuación de las dos grandes agrupaciones de ciudadanía como agentes políticos, los partidos políticos y la sociedad civil.

Para ello los poderes públicos deben promover las condiciones necesarias para que los derechos fundamentales reconocidos en las Constituciones sean reales y efectivos y puedan ser ejercidos con garantías y facilidades suficientes con el apoyo permanente de los poderes públicos. De esta forma el estado no solamente debe reconocerlos sino también facilitar su uso, remover los obstáculos que los limiten y ser garante de la participación plena de los mismos en la sociedad,

Legalidad vigente

Como inicia su libro Sainz Moreno (1981) "El Derecho es la libertad que debe ser respetada". Por eso el concepto de Derecho se basa en la defensa de esa libertad. Los límites donde se debe mover la acción del Derecho los señala Domicio Ulpiano alrededor del año 200 d.C. al proclamar que "Los preceptos del derecho son: vivir honestamente, no dañar a nadie y dar a cada uno lo que es suyo".

De ahí parte la noción de justicia que no es más que dar a cada uno lo que le corresponde. Por eso el derecho "es una forma de vida social" que "representa la forma de la garantía de las condiciones de vida de la sociedad" y por eso es "el conjunto de condiciones de vida, dependientes de la libertad".

Es pues la materia prima que resuelve las discrepancias y los conflictos sobre la propia libertad que naturalmente surgen en las sociedades humanas y de esa forma puede cada persona vivir libremente respetando esas normas que se dictan a través del derecho. En el Estado de derecho, por lo tanto, debe predominar el gobierno de las leyes por encima del gobierno de las personas.

Bienestar social. De esta forma el estado se compromete a promover y potenciar las condiciones básicas de vida de la ciudadanía. Por eso se puede enlazar con el concepto de Estado del Bienestar donde el Estado se obliga a promover la justicia social y el bienestar de todos sus ciudadanos. A través de él se activa la protección social y la económica de la ciudadanía. Para ello desarrollan sistemas públicos que sirvan de protección de las necesidades básicas de la ciudadanía. Así podemos señalar, entre otros:

- Sistema de salud público.
- Sistema de enseñanza público.
- Sistema de protección contra el desempleo.
- Sistema de pensiones
- Ayudas económicas para las personas sin recursos o con minusvalía

Estos sistemas públicos se pueden agrupar en tres grandes colectivos: Sanidad, Educación y Bienestar social.

Según resume claramente Rodríguez (2015) "En definitiva, el Estado Social y Democrático de Derecho consiste en un sistema de solidaridad (nacional o supranacional) gestionado por los poderes públicos con participación ciudadana efectiva y con respeto a la primacía del Derecho y de los derechos de los ciudadanos".

Además afirma su responsabilidad con todos los grupos sociales y en especial con los más vulnerables: "El Estado Social y Democrático de Derecho no se agota en la defensa de la libertad y de la propiedad individual, como sucedía en el Estado liberal, sino que actúa como base para la búsqueda del llamado estado de bienestar, para lo que se propone encauzar adecuadamente la asistencia vital, procurando los recursos para un mínimo existencial digno para todos los individuos, al proporcionar al ciudadano los medios para exigir de los poderes públicos aquello que les es necesario para vivir dignamente, pero que queda fuera de sus posibilidades".

Libertad y cultura política

Por otra parte el edificio político y las herramientas para desplegar los mecanismos democráticos deben facilitar la circulación de dos cuestiones que son capitales para el crecimiento sostenido de la democracia: la libertad y la cultura política.

Son conceptos muy delicados y enormemente apegados a la sociedad que forman el rumbo de la sociedad y si el sistema político es incapaz de poder seguirlos debido a una falta suficiente de flexibilidad, la Constitución en vez de ser un elemento de equilibrio social se volverá un ancla pesada que dificultará el ritmo adecuado de avance para fortalecer la sociedad y desequilibrará el acoplamiento y sintonía entre la sociedad y la democracia.

La libertad política determina el ambiente donde se desarrolla la democracia. Es el principal motor del crecimiento de la ciudadanía que son los únicos soberanos de la democracia. Se sustentan en los valores y principios que conforman la sociedad. Su principal valedor es el reconocimiento y la aplicación real de los derechos humanos que permiten ejercer como verdaderos soberanos a la ciudadanía a través de activar su participación, para construir y desarrollar una democracia donde todos y todas puedan ejercer su responsabilidad y su derecho político en forma de acciones públicas.

La cultura política como forma de relacionarse y vivir en la sociedad influye de manera sustancial en los valores, costumbres, creencias y comportamientos de sus componentes, ya que la historia común influye especialmente en la forma de entender el mundo y en las expectativas que se pueden construir. La cultura es el motor de la formación política y permite el crecimiento de la ciudadanía y la asunción de la responsabilidad pública para hacer crecer y progresar la democracia.

La participación ciudadana como arma democrática

Del pensamiento a la acción. La participación de la sociedad es la acción de la democracia. Es la savia del sistema político y la fuente donde la democracia, como forma de gobierno, debe nutrirse para poder progresar.

Cuando la Constitución consagra la soberanía popular como eje esencial de su funcionamiento, está expresando que la ciudadanía debe ser el agente básico de la política. Como bien señala Bobbio (2003) trayendo el espíritu de Montesquieu ““el pueblo que goza del poder supremo debe hacer por sí solo todo lo que pueda efectuar bien y confiar a sus ministros únicamente lo que no pueda realizar por sí mismo”. Bien de manera personal, bien de manera agrupada las personas deben tener opción clara de su participación en la vida pública de la sociedad.

De esta forma Bobbio (2003) considera que la ciudadanía soberana del poder político puede ejercer la política de tres maneras distintas: Delegados elegidos con mandato imperativo y revocación, la Asamblea de la ciudadanía y finalmente la institución del referéndum.

Para que exista una democracia con un buen equilibrio estable es necesario que el poder político se reparta de forma equitativa y distribuida y no deben existir agrupaciones ciudadanas, como los partidos políticos, que acaparen la mayoría de este, produciendo con su sobreactuación una inestabilidad que genera desafecto, distanciamiento y frustración en el resto de la ciudadanía.

El progreso y el avance de la sociedad no es solo un deber de los agentes políticos sino también de los agentes sociales y de la ciudadanía en general. La democracia se basa en que la construcción de la sociedad debe ser fiel reflejo de la sociedad soberana y esto solo puede ser posible si todo el colectivo se moviliza y aporta sus inquietudes, sus deseos y activa proyectos que lleven a alcanzar sus propias metas.

La democracia descansa en las ideas y derechos de la sociedad y es aquí donde los soberanos ciudadanos deben tener un papel fundamental ya que constituye la esencia de la convivencia y el núcleo de la democracia. En este sentido hay que defender claramente la necesidad de blindar los derechos y libertades con la voz exclusiva de la ciudadanía por mucho que exista una democracia representativa.

Por estas razones, principalmente, la participación ciudadana es el objetivo principal de la democracia. Y es la línea que marca el sentido de la ciudadanía y el avance y el progreso de esta. Ser ciudadano o ciudadana no se limita solamente a poder disfrutar de derechos y libertades, sino que exige una responsabilidad cívica de participar en el logro común de avanzar hacia un futuro compartido por todas las personas.

Este es el motivo por el cual Del Águila (1996) se dirige al núcleo esencial y profundo de la participación al declarar que "participar es crear una comunidad que se gobierna a sí misma y ser ciudadano equivale a participar de forma consciente, y presume la concienciación y el compromiso en la actividad con los demás, es "tomar parte de". Y este carácter consciente altera las actitudes y le presta a la participación aquel sentido del "nosotros" que se asocia a la comunidad".

La política en una democracia se centra fundamentalmente alrededor de los tres poderes políticos: legislativo, ejecutivo y judicial. Por esa razón la participación ciudadana está relacionada íntimamente con la gestión de los tres poderes políticos de la que es soberana y se puede ejercitar de una manera aceptable cuando, al menos, se cumplen dos condiciones. Primero, el ejercicio libre y completo de los derechos fundamentales que la sustentan (libertad política) y segundo, la existencia de herramientas operativas que permiten practicarla (libertad práctica).

Estas condiciones deben ir acompañadas de una especial implementación de las libertades políticas tanto a nivel informativo como a nivel de facilitar su uso y que sea acompañada de nuevas funcionalidades y procesos sencillos para que la ciudadanía tenga facilidades para utilizar los elementos políticos relevantes en el funcionamiento y la mejora de la sociedad.

Los elementos básicos de los procesos participativos en las políticas públicas incluyen la información disponible, la involucración de la ciudadanía en la utilización de los mecanismos puestos a disposición y el nivel de influencia (impacto) en los procesos de participación en el sistema político.

Pueden clasificarse de distintas maneras según los criterios utilizados. Según establece Díaz Aldret (2017) se pueden dividir en dos grandes grupos: los procesos de consulta y los de involucramiento. Los procesos de consulta son de bajo impacto ya que buscan "producir decisiones mejor informadas o de validar y priorizar opciones que han sido seleccionadas previamente." Es decir se limitan a mantener informada a la ciudadanía a través de la comunicación y la consulta en su caso.

Los procesos de involucramiento tienen un mayor impacto ya que la ciudadanía de una u otra manera participa más activamente en el resultado final y ayuda a obtenerlo. Diálogo, toma de decisiones y cogestión son las tres etapas más importantes que lo forman. Estos procesos políticos desarrollados para alcanzar acuerdos compartidos en colaboración conjunta de todos los agentes políticos (partidos y ciudadanía) permiten generar legitimidad a los resultados y confianza entre los agentes.

Pero para que la participación sea realmente efectiva necesita apoyarse en ciertos principios básicos que deben ser soportados por mecanismos eficientes que permitan una utilidad real de la participación. Tan importante es disponer de herramientas útiles y fáciles de utilizar como que permitan alcanzar resultados tangibles que permitan demostrar la validez de su uso y animen a aumentar la participación.

Sin embargo, la implementación de las herramientas participativas no siempre es sencilla. Contreras y Montecinos (2019) señalan las dificultades de algunos mecanismos participativos "Sucede que muchos mecanismos participativos no cuentan con el respaldo real de autoridades y muchas veces los ciudadanos se desmotivan porque perciben que su participación no tiene ningún valor político ni mucho menos para la gestión de la institución convocante".

En este sentido es fundamental entender el círculo virtuoso o vicioso que determinan la eficacia y la sencillez de las herramientas que se ponen a disposición de la ciudadanía, así como la potencia de su alcance en los asuntos del Estado. Para ello hace falta basarse en una herramienta precisa. "Una primera consideración es contar con una metodología clara para convocar a la participación, dejando evidente desde un principio las reglas del juego que regirán el mecanismo a implementar".

De esta forma se puede definir y delimitar el alcance de las herramientas de participación y su efectividad real dentro de dichas reglas previamente enunciadas y se pueden relacionar los distintos mecanismos y sus herramientas con los niveles de participación que designan los diferentes escalones de democracia.

Por eso es necesario diseñar y desarrollar herramientas específicas de participación política de la ciudadanía que tenga largo alcance e influencia apreciables en el sistema político. Gracias a la tecnología cada vez más impactante en la información y comunicación social y política permitirá poner en funcionamiento mecanismos y herramientas mucho más eficaces y sobre todo más sencillas de utilizar.

Sociedad civil como medida de salud democrática

La Sociedad civil junto con los partidos políticos son las formas organizadas de participación ciudadana en la política. Los partidos políticos lo hacen desde la esfera política, la sociedad civil desde la esfera privada. Los partidos políticos están formados por militantes que son ciudadanos que han desarrollado una conciencia política fundamentalmente a través de una ideología o de un interés.

Las organizaciones civiles están llenas de personas voluntarias que han desarrollado una conciencia social y política. Al final ambas confluyen en el espacio público que es donde se debaten y se discuten los problemas y soluciones que afectan a la sociedad.

La Sociedad civil se caracteriza porque tiene a la ciudadanía y sus problemas como premisa básica. Nace como contrapeso a los partidos políticos y sus representantes. Alberoni (1984) entiende que los movimientos sociales brotan ante la detección de una transgresión, opacidad o degradación de los poderes públicos y busca iluminar el problema a nivel público y si es posible reparar a base de análisis de datos, argumentos razonables o manifestaciones directas.

Cuanto mayor sea el número de ciudadanos y ciudadanas activados en el espacio público y mayor sea su conocimiento e información sobre las actividades del Estado, más participación democrática se consigue y, en consecuencia, más progresa la democracia.

Podemos definir la sociedad civil como la ciudadanía activada, organizada o espontánea, cuyos objetivos estén comprometidos con el beneficio de la sociedad y el control de los mecanismos públicos para construir una democracia justa y participativa. Lógicamente, debe ser independiente de cualquier poder (económico, político o público) y de cualquier interés que no sea el bienestar general.

Como debe operar en la esfera pública una de sus principales obligaciones debe ser la vigilancia y control de los poderes influyentes en la sociedad para que no salgan de sus cauces legales y evitar sus abusos. También sus objetivos pueden estar relacionados con la calidad y cantidad de la información pública o privada, en forma de conocimiento, análisis, búsqueda, prestaciones de servicios y propuestas de actuación.

Uno de los principales indicadores de la implantación de la democracia en una sociedad es la movilidad de la ciudadanía y la fortaleza que presentan para enfrentarse a los poderes públicos y sus partidos políticos. Hay que recordar que la ciudadanía es la poseedora de la soberanía política, es decir, del Estado y tiene el derecho y la obligación de velar por su buen funcionamiento, su estabilidad y su equilibrio.

Por eso la soberanía no es solo un privilegio sino que viene acompañado de una gran responsabilidad. Es una exigencia de compromiso público para ayudar a transformar la sociedad y construir un espacio común en el que todos participemos y no nos sintamos solo espectadores pasivos. Aceptando ese encargo nos hacemos corresponsables del progreso y la justicia política de la sociedad. Nos comprometemos a formalizar ideas y proyectos que conduzcan a una sociedad más libre, más igual y fraterna según señalaron los demócratas franceses como valores más relevantes que debían amparar el escenario político y social.

Despertar la conciencia social y política es el primer paso para activar el compromiso público en la sociedad, tanto en su vertiente política como en la social, porque al final ambas confluyen y se agrupan. La conciencia política lleva naturalmente al compromiso público y con ello a una participación en la sociedad. Esta participación es la base de la democracia que no es otra cosa que el poder del pueblo puesto en acción directa.

Para ejercer esta participación, es necesario ejercer un esfuerzo permanente de vivir una parte del día en el escenario político para comprender su forma de actuar, detectar los errores y las injusticias y presentar posibles soluciones que los enmienden. Hay que tener, en definitiva, una cultura política interiorizada que permita estar atentos, activos y resueltos. De esta forma las agrupaciones políticas y civiles se podrán nutrir de mayor inteligencia y de mayor poder al aumentar la cantidad y calidad de sus miembros.

Está claro que la complejidad del mundo y el gran volumen de habitantes que pueblan las naciones exige la creación de intermediarios políticos y sociales. Pero cada vez deben ser menos representantes independientes (sin mandato imperativo) y más delegados dependientes de las decisiones previas de los soberanos ciudadanos.

Por eso la inacción ciudadana ha permitido que los cauces de participación popular se vayan recortando y limitando por falta de uso y reivindicación de participación. Apenas quedan funciones participativas como las elecciones y los referéndums convocados por la propia clase política. Y esta resignación es un riesgo importante para la propia supervivencia de una soberanía cada vez menos práctica.

Las formas de participación ciudadana y las herramientas utilizadas

La Asociación Internacional de Participación pública (IAPP, 2000) establece cinco niveles de participación de la ciudadanía según el nivel de poder que utiliza la ciudadanía en su actuación:

Informar. Consiste en proveer a la ciudadanía de información equilibrada, objetiva y útil de manera que le permita entender la realidad, plantear alternativas y/o soluciones.

Consultar. Consiste en obtener información de la ciudadanía para realizar análisis, plantear alternativas o tomar decisiones en la esfera pública.

Involucrar. Supone trabajar directamente con la ciudadanía a lo largo del proceso recogiendo sus opiniones, para de ese modo mejorar el proceso asegurando que las decisiones se han comprendido adecuadamente.

Colaborar. Consiste en realizar todo el proceso de decisiones juntamente con la ciudadanía incluyendo las alternativas posibles y las soluciones preferibles. Con la irrupción de las tecnologías cada vez aparece un mayor número de experiencias desde la sociedad para controlar la gestión pública.

Empoderar. Orientado a dejar en manos de la ciudadanía la decisión final sobre las cuestiones públicas. El compromiso de las instituciones públicas debe ser aquí implementar lo que la ciudadanía decida. En este nivel podemos encontrar desde empoderamiento parcial hasta su máxima expresión mediante la desintermediación.

Características de los niveles de participación

Para explicar y detallar con mayor profundidad los cinco niveles de participación se van a refundir las dos tablas de Díaz Aldret (2017) y Spectrum of Full Participation (IAP2) (2000). Dichas tablas se denominan respectivamente "Relación entre objetivos, impacto y profundidad de la participación" y Espectro de participación ciudadana de acuerdo con los objetivos y la incidencia del público".

Hay que tener en cuenta que mayoritariamente se presentan actuaciones de los cuatro niveles más usuales y apenas del relativo al empoderamiento de la ciudadanía donde a diferencia de los anteriores niveles el principal protagonista no son los gobernantes sino los gobernados que asumen directamente el poder de actuación.

Características de los niveles de participación					
	Informar	Consultar	Involucrar	Colaborar	Empoderar
Nivel Impacto	BAJO	BAJO/ MEDIO	MEDIO	MEDIO/ ALTO	ALTO
Objetivo	Informar o educar	Recopilar información	Discusión	Involucramiento	Cogestión

Operativo	Comunicación Concienciar Educar Informar	Consulta Sobre costos, beneficios y prioridades	Diálogo Exploración profunda de puntos de vista, expectativas e intereses Comprensión mutua Alcanzar consensos	Toma de decisiones Compartir responsabilidades Descentralizar decisiones Resolver conflictos Asignar recursos Formular programas	Acción directa Compartir autoridad Gobernanza Hacer asignaciones complejas en un contexto de descentralización
Objetivo de la participación	Proveer al público de información	Obtener retroalimentación del público sobre análisis, alternativas y/o decisiones	Trabajar directamente con el público a lo largo del proceso para asegurar que las preocupaciones del público son consistentemente entendidas y consideradas	Asociarse con el público en cada aspecto de la decisión, incluyendo el desarrollo de alternativas y la identificación de la solución preferida	Dejar la toma final de decisiones en las manos del público

Promesa implícita al público	Los mantendremos informados	Los mantendremos informados, escucharemos y acusaremos recibo de sus preocupaciones y aspiraciones, y proveeremos retroalimentación sobre como la participación influenció la decisión final	Trabajaremos con ustedes para asegurar que sus preocupaciones y aspiraciones estén directamente reflejadas en las alternativas desarrolladas y proveeremos retroalimentación sobre cómo los aportes del público influyeron la decisión	Buscaremos su consejo e innovaremos en la formulación de soluciones. Incorporaremos su consejo y recomendaciones al máximo dentro de lo que sea posible	Implementaremos lo que decidan
Ejemplos de técnicas	- Folletos informativos - Páginas web - Open houses	- Comentarios Públicos - Focus groups - Cuestionarios - Reuniones públicas	*Talleres *Consultas deliberativas	*Consejos Ciudadanos *Construcción de Consensos *Toma de decisiones participativa	* Jurados Ciudadanos * Votación * Decisión delegada

Fuente. Elaboración propia a partir de las tablas "Relación entre objetivos, impacto y profundidad de la participación" y Espectro de participación ciudadana de acuerdo con los objetivos y la incidencia del público". Díaz Aldret (2017) y Spectrum of Full Participation (IAP2) (2000) respectivamente.

Todos estos procesos necesitan una toma de conciencia de la importancia que tiene la involucración ciudadana en su desarrollo para que el resultado esté alineado con ella y resuelva sus problemas y necesidades. Están ordenados de menor a mayor impacto de la participación desde la simple información facilitada por los gobernantes que puede tener distintos formatos y ser más o menos valiosa, completa o veraz, pero no deja de ser inactividad para la ciudadanía, aunque la posible relevancia de la información puede activar la necesidad de participar de manera más activa.

En el otro extremo sitúa al empoderamiento de la ciudadanía cuando está activada en el espacio público y aporta sus opiniones y se involucra durante todo el proceso. Es ejercer la democracia directa sin intermediarios.

Finalmente se incluye una segunda tabla de Reyes y Ríos (2016) donde se detalla los distintos procesos que permitirán a la población aumentar su responsabilidad ciudadana y mejorar su participación política.

Lógicas tras la implementación de procesos de participación ciudadana en proyectos de inversión		
Lógica Normativa	Influenciar decisiones	La participación permitirá que aquellos que se verán afectados por una decisión puedan influir dicha decisión.
	Potenciar la capacidad democrática	La participación permitirá a los participantes desarrollar sus habilidades ciudadanas y les proveerá de una oportunidad para ejercer su ciudadanía activamente.
	Aprendizaje social	La participación facilitará la deliberación entre los participantes, conduciendo al aprendizaje social.

	Empoderar y emancipar individuos y/o grupos marginados	La participación alterará la distribución de poder dentro de la sociedad, empoderando a aquellos grupos e individuos antes marginados.
Lógica sustantiva	Acceder a información local	La participación mejorará la calidad de la decisión, dándole a los tomadores de decisiones información ambiental o socialmente relevante.
	Incorporar conocimiento experimental y basado en valores	La participación mejorará la calidad de la decisión proveyendo a los tomadores de decisiones de conocimiento basado en la experiencia y en valores del público.
	Testear la robustez de información desde otras fuentes	La participación mejorará la calidad de la decisión al contrastar la calidad de la información presentada con otras fuentes.
Lógica instrumental	Generar legitimidad	La participación dará legitimidad al proceso de toma de decisión, lo que facilitará la implementación del proyecto.
	Prevenir o resolver conflictos	La participación contribuirá a la identificación y resolución del conflicto antes de que las decisiones finales hayan sido adoptadas, lo que facilitará la implementación del proyecto.

Fuente. Reyes y Ríos (2016) a partir de Glucker, Driessen, Kolhoff, & Runhaar, (2013).

En ese sentido Reyes y Ríos (2016) distinguen distintas lógicas de implementación de los procesos participativos "Dentro de la literatura, se distinguen tres lógicas independientes, pero no incompatibles, que sustentan la idea de que establecer mecanismos institucionales de participación ciudadana es deseable dentro de regímenes representativos, como los que caracterizan a las actuales democracias liberales.

En primer lugar, la lógica normativa sostiene que es consustancial a un régimen democrático que los ciudadanos sean partícipes de la toma de decisiones y que por lo tanto, independiente del resultado de dicha participación, existe una obligación de los estados de acercar su funcionamiento al público.

Una segunda lógica sustantiva tiene que ver con que involucrara los ciudadanos puede contribuir a una mejor toma de decisiones, principalmente debido a la incorporación de conocimientos que en una primera instancia pueden estar alejados de la mirada de los expertos puede mejorar, al menos en teoría, la toma de decisiones.

Por último, se encuentra la lógica instrumental que tiene que ver con facilitar la implementación de políticas públicas, programas o normas que pueden generar alto grado de controversia entre la ciudadanía".

4.2 EL PLAN DE LA CIUDADANÍA PARA LIBERAR A LA DEMOCRACIA

El derecho democrático más preciado y que, en consecuencia, debe ser el más protegido, es la libertad. Y el enemigo más importante, que puede atacarla y le produce las mayores heridas, es el poder. Para disfrutar de una libertad aceptable es necesario diseñar el correspondiente nivel de control del poder respecto de la libertad buscada.

La ciudadanía es la propietaria del poder político, aunque en una democracia "representativa" el poder está traspasado de manera permanente a los representantes de los partidos políticos que lo utilizan sin necesidad de justificar sus actos, incluyendo aquellas actuaciones que puedan limitar la propia libertad de los legítimos propietarios como personas o como agrupaciones humanas.

Esta democracia de partidos está desequilibrando el contrato social firmado entre gobernantes y gobernados, entre elegidos y electores. La razón fundamental es el aumento constante del poder de los partidos y la permanente disminución de la libertad de la ciudadanía. Cada día los partidos tienen más voz y la ciudadanía más silencios. Cada vez los partidos políticos tienen más relevancia en el escenario político y la ciudadanía más debilidad y falta de presencia.

La democracia básicamente es diálogo y deliberación de los asuntos públicos entre todos los actores políticos y parece de sentido común comprender que el enorme aumento de la educación, conocimiento y cultural de la ciudadanía en las sociedades democráticas, en los últimos cincuenta años, debería ser correspondido con un mayor protagonismo en los asuntos públicos. Pero no ha sido así y la participación ciudadana sigue limitándose en realidad en las votaciones electorales al poder legislativo y en algunos casos al poder ejecutivo.

Ante tal limitación y consiguiente humillación se están creando varios movimientos ciudadanos que luchan por cambiar esta situación. Por un lado señalando a los políticos como el principal problema de la ciudadanía y, en consecuencia, generando un alejamiento de la política y por otro lado creando plataformas ciudadanas, opiniones y presencia pública para mostrar su rechazo social al poder de los políticos que pertenece a la sociedad. En definitiva la ciudadanía se está rearmando para transformar las formas de hacer política y recuperar la soberanía del poder que nunca deberían haber transferido sin controles y garantías.

La fuerza de la participación ciudadana

Partimos de una premisa que probablemente tiene un consenso general. Esta premisa afirma que "el progreso de una democracia está en función de la participación política de la ciudadanía". De esta manera desarrollar la democracia exige por parte del Estado impulsar la participación ciudadana y, en consecuencia, fomentar la implicación de sus miembros en los quehaceres públicos y desarrollar mecanismos democráticos que aumenten una mayor participación de la sociedad en los quehaceres públicos y de esta forma aumentar su grado de compromiso con la gobernabilidad del Estado y el desarrollo de la democracia.

Para ello se pueden establecer diferentes criterios de participación. Unos estarán referidos a determinados tipos de leyes que modifiquen o transformen algunas variables de convivencia, derechos humanos, libertades sociales o de conciencia que por afectar a las partes más delicadas y frágiles de la sociedad deben ser avaladas por el conjunto de los ciudadanos. Son las variables sensibles de la convivencia social.

Otros estarán relacionados con variables desplegadas para mejorar la convivencia o la pertenencia entre los cuales podemos enumerar aquellos relacionados con la cultura y la educación, el "software de la sociedad" entre las que se pueden, los derechos y obligaciones sociales, las libertades personales y, en general, aquellos aspectos relacionados con la cultura, la ética y la moral de la sociedad. Designamos a estas variables el "software de la sociedad" ya que van construyendo nuestras creencias, actitudes, valores y principios.

Cuanto la participación sea más amplia y comprenda más variables culturales tanto más auténtica será la democracia que se construya. También es cierto que la participación ciudadana puede chocar con la autonomía e independencia del gobierno del Ejecutivo para poder ser eficiente y técnicamente profesional, sin influencias puntuales de los ciudadanos.

Nuestro objetivo es conseguir una división de la soberanía de tal forma que se pueda conjugar la participación de los ciudadanos en ciertas áreas, con el papel estable de un gobierno eficaz elegido por la sociedad. De esta manera se debe tener claro cuáles son las herramientas del Ejecutivo que son meramente instrumentales y que son necesarias para mejorar la operatividad de las Instituciones y realizar una labor excelente y justa.

Variables como la organización, los procesos, los procedimientos o las estructuras y que sirven para la desarrollar la gestión práctica de los instrumentos son necesarios para conseguir una democracia eficiente y justa. Deben ir creando las infraestructuras adecuadas que permitan garantizar las operativas democráticas. Los denominaremos el "hardware de la sociedad".

El plan de acción

El plan de actuación de la ciudadanía para rescatar la democracia equilibrando la participación de los agentes políticos y respetando la esencia de la democracia consiste en salvaguardar la soberanía propiedad inherente de la sociedad y de esta forma restablecer la jerarquía de autoridad en el campo político. Para ello se debe volver a restablecer la ecuación de contrapoderes entre los poderes políticos que permitan un equilibrio estable y un avance sostenido de la democracia recuperando la independencia de estos y controlando su funcionamiento óptimo.

Para que estas modificaciones se puedan implementar es imprescindible transformar los roles de los agentes políticos para que se adecuen totalmente a este nuevo escenario político que por encima de todo garantice los principios y los objetivos que acompañan a las democracias.

En el plan de colonización de la democracia que han diseñado los partidos políticos se han identificado tres puntos negros con riesgo alto de provocar graves problemas en la democracia distorsionando su funcionamiento para que circule con otros conductores dejando orillados a los verdaderos propietarios.

El plan de liberación debe consistir en la restitución de la situación inicial y la imposibilidad de que puedan volver a surgir dichos puntos negros. Para ello se deberán modificar los mecanismos que los producen e incorporar alertas sensibles que avisen de actuaciones que puedan generar esos u otros puntos negros semejantes.

El primer punto negro está relacionado con la necesidad de garantizar que la soberanía sea ejercida por los verdaderos dueños, es decir la ciudadanía, evitando cualquier riesgo de que terceros la utilicen para hacerse cargo de ella de facto. De esta forma eliminamos el posible mal uso que se haga de ese traspaso como ocurre en la actualidad donde los partidos políticos se han hecho con ella a través de los representantes sin limitación alguna de control, de transparencia o de determinadas actuaciones para conseguir ciertos resultados propuestos por la ciudadanía.

Para conseguirlo de debe reformular el carácter de los elegidos sustituyendo los representantes actuales, con los fuertes atributos soberanos que se les otorgan, por los delegados de la ciudadanía con el único cometido de ser delegados de la propiedad con la obligación de actuar en función del mandato ciudadano que puede en cualquier momento, siguiendo un proceso previamente determinado, revocarlo y sustituirlo por otro.

Por otro lado debe existir perfiles de "delegado" para los cargos públicos de cada uno de los poderes acercando las competencias y habilidades a las posibles funciones que debe realizar. De esta forma se irán seleccionando candidatos más idóneos para los puestos públicos y poco a poco profesionalizando aquellos perfiles que son determinantes en el poder ejecutivo o en la dirección del poder judicial incluso si los elegidos deben salir del cuerpo de funcionarios respectivo.

El segundo punto negro está relacionado con la falta de independencia de los poderes políticos al ser copados por el mismo colectivo, los partidos políticos, y pasar a unirse nuevamente en un único poder absoluto. Hemos visto que la razón principal deriva de que los representantes elegidos por la ciudadanía dentro de un poder (en los sistemas parlamentarios el poder legislativo) o de dos poderes (en el sistema presidencialista la ciudadanía elige a los representantes del legislativo y al presidente del ejecutivo) son los encargados de seleccionar los representantes del resto de poderes, por lo que hurta a la ciudadanía la facultad de elegirlos directamente y permite el intercambio de cargos públicos en los distintos poderes que disminuyen la independencia de los mismos.

El objetivo final es que haya personal competente y diferente dirigiendo los cuerpos de funcionarios que existen en los tres poderes. El poder legislativo es, quizás, el que presenta un perfil más general y, en consecuencia, el menos exigente en el plano de profesionalidad, ya que tiene como principal función decidir las reglas y leyes más adecuadas para la convivencia social y deberá tener una relación más estrecha con la ciudadanía que deberá tomar un mayor protagonismo en la aprobación de determinadas leyes relacionados directamente con sus derechos y libertades, como veremos más adelante.

El tercer punto negro se refiere al acaparamiento de los partidos del protagonismo en el sistema político, arrinconando a la ciudadanía y asignándole un mero papel de observador y cerrando la posibilidad de que pueda opinar o participar en las cuestiones políticas. Sin duda alguna las actuaciones sobre los primeros puntos negros van a limitar, de manera sustancial, la forma de actuar de los partidos y restringirán los privilegios que han acumulado a lo largo de este tiempo.

De esta forma se irán acercando las posturas políticas entre los partidos y la sociedad civil y la lucha por el poder se va equilibrando de tal forma que una solución cooperativa tendría más posibilidades de lograrse. Una vez despejado los perfiles de los poderes legislativo y ejecutivo parece natural y más sencillo definir el perfil de los posibles candidatos que concurrirían a cada uno de los poderes, sean personas, agrupaciones políticas o equipos profesionales.

Es justo pensar que el futuro de la sociedad debe ser diseñado por toda la población atendiendo a la cultura y creencias de esta. Por lo que parece lógico que el poder legislativo sea más adecuado a las agrupaciones civiles que buscan el progreso futuro por encima de la eficacia presente, ya que las leyes deben tener un componente general y una vocación de permanencia en el tiempo.

Debería, por lo tanto, encargarse del diseño de la infraestructura democrática que encauzará y fluirá el funcionamiento de la sociedad. Por otra parte es lógico pensar que el presente debe ser atendido por profesionales para conseguir optimizar los recursos y resolver los problemas que vayan surgiendo y de esta forma conseguir una mejor adaptación al ritmo que vayan marcando las circunstancias.

Esto indica que el ejecutivo debe ser el encargado de hacerse cargo de esas situaciones con competencia y seguridad. Esta labor es más una labor de equipo que individual y por esa razón las agrupaciones políticas parecen las más preparadas para encargarse de ella. Permiten construir los paquetes de medidas más eficientes para que puedan circular fluidamente por las carreteras previamente diseñadas.

Para que exista un plano de equilibrio entre los agentes políticos deben existir espacios abiertos y transparentes donde no exista la posibilidad de que florezcan puntos negros que puedan servir de ventaja a alguno de los actores que participan.

Un espacio es neutral para los participantes cuando nadie tiene ventaja en su utilización sea por motivos de autoridad, poder o por cuestiones tecnológicas o de cualquier otro tipo. Además el espacio debe disponer de suficientes herramientas tecnológicas para permitir que todos los actores puedan participar sin distinción de posibilidades o conocimientos. Estas características son vitales para conseguir un espacio público que esté a disposición de todos los ciudadanos y sirva para reflejar las opiniones y argumentos de todos en igualdad de oportunidades.

Las Redes sociales se asemejan bastante a este ideal ya que todas las voces se pueden escuchar, el nivel de interés de las mismas se puede reflejar en las replicaciones que tengan y existen herramientas móviles para conocer en cada instante las opiniones enviadas. Además es imprescindible que la información que circule por el mismo sea completa y correcta.

Todas estas reflexiones y medidas indicadas exigen una readaptación de los papeles que ejercen actualmente los agentes políticos y que más adelante se detallan. Todo ello con la finalidad de reforzar el espíritu de la democracia, recuperar el protagonismo de la ciudadanía y garantizar la participación de toda la población en el desarrollo de una sociedad que progrese bajo el único requisito de la opinión de la ciudadanía hacia metas y objetivos que sean marcados por todos los miembros que la componen. Esa será la única forma de que la democracia sea un mecanismo justo y compartido y no esté colonizado por ningún poder visible como los partidos políticos o invisible como el dinero, el credo o el fusil.

A continuación se desarrollará de una forma más minuciosa las propuestas que llevarán a la democracia a poder ejercerse de una forma libre y ajustada a su principal esencia que es la soberanía de la ciudadanía.

4.3 ACCIÓN 1: SUSTITUIR LA REPRESENTACIÓN POR LA DELEGACIÓN

La soberanía popular es la característica esencial de cualquier democracia, donde todos los integrantes de la sociedad pasan a detentar el poder político. De esta forma se reconoce la figura de la ciudadanía y sus derechos y libertades como miembros de la sociedad. Esta es la esencia para que una forma de gobierno se pueda llamar democracia. Es el primer mandamiento de una democracia.

La democracia representativa es la forma de gobierno presente en todos los países occidentales y en la mayoría del resto de países. Este tipo de democracia indirecta se caracteriza porque la política pública se realiza por los partidos políticos y la ciudadanía se limita a dos únicos formatos: el voto para elegir representantes que van a desempeñar el trabajo público y la voz para decidir directamente cuestiones que se consideran claves según la Constitución. Es decir, elegir representantes con el voto y aprobar cuestiones con la voz a través del referéndum.

Ambos tipos de participación son eminentemente pasivos ya que se traducen en votar a unas listas rígidas (cerradas y bloqueadas) presentadas por los partidos y en cuya elaboración no ha tenido ninguna participación y dar voz (ratificar o denegar) a cuestiones esenciales que por su naturaleza constitucional exige la aprobación de los soberanos, a través del referéndum.

Hemos visto anteriormente el riesgo que genera la transmisión de la soberanía y que se ha vuelto un usufructo permanente en manos de los partidos políticos. No solamente es peligroso sino que además no es democrático, ya que la soberanía no es delegable porque es la base de la dignidad ciudadana e intrínsecamente incluida en el núcleo de la sociedad.

El concepto de representación se puede mover dentro de un doble significado. Por un lado "ser imagen de" o "equivalente a" y por otro lado re-presentar o "hacer presente" a alguien. Ambas acepciones son bien diferentes entre sí.

La primera acepción apela a ser un igual del grupo que lo elige y en consecuencia asume el poder del grupo, ya que es uno de ellos. Es una representación viva y directa de todos los miembros y se dota de capacidad para que sus actuaciones representen claramente los deseos del grupo.

La segunda acepción significa meramente que es una prolongación del grupo y como tal necesita un permiso y una relación permanentes con el grupo para que su actuación esté en sintonía con los deseos e intereses de este.

En la primera opción se erige como elemento representativo del grupo y en la segunda como elemento declarativo del grupo. En este sentido hay que tener en cuenta que los representantes votados en las elecciones no son representantes de la ciudadanía sino de los partidos políticos que los eligen y los presentan en listas cerradas y bloqueadas para garantizar el orden de elección según el interés del partido político.

Por lo tanto es evidente que los denominados candidatos a la elección no son elementos representativos del grupo sino elementos declarativos del grupo y como tal necesita un permiso permanente y una relación estrecha con el grupo para que su actuación esté en sintonía con los deseos e intereses de este.

Además de a quién representa hay que tener en cuenta como se representa, es decir, con que funciones, limitaciones y obligaciones se ejerce ese mandato. Dentro de esta opción se dirime si el representante tiene mandato imperativo o no, existe poder de revocarlo por quienes lo eligieron o si se debe guiar con los esquemas propios del derecho público o del privado.

Hemos llegado al concepto de cargo público: Representante o delegado. O dicho de otro modo, el cargo público que se va a elegir forma parte de la sociedad civil o de los partidos políticos. Es representante de la ciudadanía o de los partidos políticos. La ciudadanía no elige a sus cargos públicos de manera libre entre candidatos sociales que espontáneamente se presentan a las elecciones. Más al contrario y por mandato legal son refrendados y colocados en una lista ordenada por los partidos políticos. Es decir, son representantes de la clase política no de la clase ciudadana.

Finalmente hay que tener en cuenta que se representa: la voluntad de quien lo elige (la ciudadanía) o la voluntad de quien lo presenta (partido político). Mientras que las ideas del ideario de los partidos y su consiguiente programa electoral suelen ser claros y estar bien difundidos, las ideas y los intereses de la ciudadanía suelen ser bastante desconocidas por los candidatos que dicen representar sus intereses.

Estamos hablando de pasar de una democracia representativa donde los ciudadanos tienen un papel pasivo con el único derecho de poder votar cada cuatro años a los representantes que los partidos eligen previamente, a una democracia comprometida donde los actores soberanos participan y colaboran en la construcción de la sociedad.

Sustituir la representación política por la delegación

Nuestra propuesta se basa en que la soberanía no puede ser transferida, es decir, los representantes que se elijan pasen a ser meros delegados de los ciudadanos, bien en su función de "parlamentarios", bien en su función de "gobernantes públicos".

Esto implica que las funciones que desempeñen deben regirse por el principio de transparencia total, rendición de cuentas y posibilidad de revocación. Para ello se utilizará la segunda acepción de representación y de esta forma los representantes políticos se renombrarán como delegados profesionales con el cometido de ser una prolongación del poder ciudadano con la obligación de servirle y responder ante él de manera responsable y velando siempre por sus deseos e intereses.

Esta propuesta exige un cambio de rol de los representantes y, en consecuencia, unas nuevas funciones y obligaciones. Según señala Wainwright (2007) "Así pues, la relación que exigen a los representantes políticos no es meramente de responsabilidad y transparencia, sino también de igualdad e interdependencia".

De esta forma se vuelve al camino de la democracia representativa y se limita el poder de los partidos políticos para evitar dirigir la democracia hacia otros planteamientos donde se quiere difuminar la influencia y la voz de la ciudadanía y dirigirse hacia una democracia de delegación donde el voto ciudadano sea la única herramienta de elección de representantes. Además se debería incorporar la facultad de la ciudadanía para iniciar el procedimiento de revocación de cargos públicos.

La transformación de representantes en delegados, además, modifica el foco actual sobre los elegidos que deberán mostrar un perfil específico para la tarea que van a realizar, sobre todo si, como veremos más adelante, existen elecciones diferenciadas dentro de cada poder político y con ellos perfiles diferentes para cada uno de ellos.

De esta forma se evitará la selección actual donde se eligen a políticos "todo terreno" con perfil generalista que pueden desempeñar su trabajo en cualquiera de los poderes ya que solamente existen, en las democracias parlamentarias, elecciones políticas para el poder legislativo, que luego se encargan de nombrar todos los cargos públicos del resto de poderes.

Políticos profesionales y políticos aficionados

La polémica entre políticos profesionales y políticos aficionados sigue vigente en la sociedad. Existen partidarios de ambas opciones, porque las ventajas y desventajas están presentes en ambas partes. Posiblemente como en la mayoría de las decisiones binarias la mejor opción sea una combinación de ambas según el contexto donde deben realizar su trabajo. Sin duda la política se debe profesionalizar pero solamente en la dirección de los delegados que detenten cargos públicos de alta intensidad básicamente en el Ejecutivo que es el poder donde se ejecuta la actuación más profesional.

La principal razón es que la dirección de un Estado de dimensiones colosales, con interdependencias externas cada vez más exigentes, exige personas cualificadas que puedan dirigir los inmensos recursos y las plantillas elevadas de los Ministerios, Consejerías o empresas públicas. Por eso no se deben buscar políticos que se conviertan en profesionales ejecutivos sino que sean profesionales con experiencia contrastada que actúen en el sector público, sean políticos o no.

Observamos que actualmente, de manera natural, los consejos de ministros de los países desarrollados cada vez presentan más personas con estos perfiles. Abogamos más por equipos técnicos que por equipos políticos siempre que estén condicionados por la dirección política.

Características de los poderes políticos y perfiles profesionales

Los poderes políticos se crearon a partir de la división del enorme poder que se había generado en los reinos e imperios y que estaba en las manos exclusivas de los monarcas de manera absoluta. El objetivo fue dividirlo en varios poderes para evitar el riesgo de que una persona o élite social pudiera detentar todo el poder absoluto. Para ello se crearon tres poderes diferentes y complementarios con el encargo de que funcionaran como contrapoderes entre sí para alcanzar un equilibrio estable y eficiente en el funcionamiento de la democracia.

Las funciones asignadas a los mismos son claras y precisas. El poder legislativo debe diseñar las leyes y mantenerlas actualizadas, el poder ejecutivo debe ejecutarlas de acuerdo con esas normas y el poder judicial debe controlar que el Estado y la ciudadanía cumplen correctamente las leyes. Parlamento, gobierno y sistema legal son las instituciones creadas para poder ejercer ese poder de manera democrática. Esto implica que el legislativo debe regirse por el principio de realidad social porque su objetivo principal es transformar en leyes las costumbres y culturas que van apareciendo en la sociedad y más ahora que estamos en cambio de paradigma por la llegada de una nueva sociedad.

El poder ejecutivo se debe regir por el principio de eficiencia social, ya que es el encargado de generar riqueza y bienestar a través de acciones y relaciones con otros pueblos. Finalmente el poder judicial se debe regir por el principio de justicia social, comprobando que los derechos y libertades de las personas y de la sociedad en su conjunto no están cuestionadas, ni limitadas.

Esto significa que el perfil profesional de las personas que trabajen en los equipos de cada poder debe detentar habilidades y competencias bien diferenciadas, ya que tienen objetivos diferentes.

El equipo del Legislativo debe reconocer, pensar y diseñar las leyes que mejor conforman el esquema de actuación de la sociedad atendiendo a su cultura, idiosincrasia y progreso.

El equipo del Ejecutivo debe disponer de gran poder de decisión, capacidad de liderazgo y realismo que permita avanzar a la sociedad con seguridad y visión de futuro, en un mundo cada vez más interconectado e incierto.

El equipo del Judicial debe utilizar el cuerpo jurídico legal para poder auditar las actuaciones de los otros poderes y el comportamiento del Estado y la ciudadanía en línea con la letra y el espíritu marcado por las leyes y otros instrumentos jurídicos.

Si los delegados, los líderes y los equipos se seleccionan a través de elecciones se necesita, por lo tanto, que tengan perfiles profesionales distintos en cada uno de los poderes. Esto obliga a que los candidatos presentados conformen perfiles y equipos diferentes y que sean elegidos en elecciones específicas para cada poder. Como además se postulan para cargos públicos lo lógico y racional es que sean elegidos por los propietarios de la soberanía democrática, es decir, por la ciudadanía. Esta exigencia devuelve la soberanía a la sociedad y le asigna una diáfana responsabilidad en el sistema político.

El poder Ejecutivo, por lo tanto, debería ser el destino de las personas forjadas profesionalmente que sepan liderar a los equipos, decidir de manera grupal y con criterios fundamentados y sepan equilibrar la utilidad, el valor y la igualdad de sus soluciones. Estaría dirigido por ciudadanos-políticos con clara trayectoria política y profesional que llevarían las direcciones políticas del poder ejecutivo, es decir, serían los encargados de alcanzar el bienestar social de los ciudadanos/as con criterios de eficiencia. Ocuparían los ministerios y las presidencias de las empresas públicas. Se encuadrarían en organizaciones políticas como los partidos pero con un sesgo totalmente profesional. Competirían entre si con la presentación de un líder, un equipo y un programa y serían votados por la ciudadanía. Todos ellos tendrían dedicación exclusiva y no podrían ocupar simultáneamente un cargo privado o de cualquier otro poder político. Serían las organizaciones políticas profesionales.

El poder Legislativo, por el contrario, debe acoger a los políticos más creativos, más innovadores y utópicos cuya máxima fortaleza se relacione con la utopía y el futuro. Deben ser capaces de crear futuro y establecer caminos que lleven a él. Estaría formado por ciudadanos-políticos con voluntad de trabajo público y tiempo limitado en los cargos que lleguen de la sociedad. Estarían encuadrados en organizaciones sociales con clara orientación política y que competirían en unas elecciones. Sus funciones serían las específicas de un poder como el legislativo, es decir, análisis y aprobación de leyes sociales y control del poder ejecutivo. Serían las organizaciones políticas civiles.

Finalmente, el poder Judicial es el poder más profesionalizado e independiente y lo que mayormente necesita es perfiles de organización tanto de optimización de plantillas como de incorporar los recursos materiales para que la digitalización y la disponibilidad de herramientas informáticas ayuden a eliminar las telas de araña que siguen creciendo en los juzgados. Estaría dirigido por funcionarios públicos de la judicatura y encargados de velar por el buen funcionamiento del poder y con funciones específicas que permitan auditar y analizar las actuaciones del poder ejecutivo. Los profesionales se encuadrarían en distintas listas que competirían entre sí para ejercer la dirección (CGPJ) y que serían votadas por la ciudadanía.

Obviamente en todos los casos la ciudadanía debería disponer de herramientas potentes para poder realizar el control minucioso de los trabajos y en su caso la revocación inmediata de sus miembros.

La selección de delegados

Si cada poder estuviera al alcance de colectivos diferenciados, permitiría que cada uno se orientara más a su propia optimización funcional y se evitaría que pudiera invadir territorios de los otros poderes. De esta forma los tres poderes independientes se pondrían de acuerdo para que su ordenamiento desarrollado en la Constitución estuviera permanentemente actualizado para obtener mejores resultados. Además permitiría disponer de la suficiente preparación para poder ejercer su trabajo con garantía suficiente de esfuerzo, dedicación y experiencia.

Esto obligaría a los cargos públicos estar asignados en un único poder, y dentro de cada uno a una única institución, es decir a un único puesto de trabajo. En este sentido se deben realizar elecciones directas e independientes en cada uno de los poderes permitiendo este requisito una mayor independencia de los poderes y que se debe complementar con la construcción de perfiles de candidatos para cada poder, ya que tienen distintas funciones, y la obligación de que los candidatos elegidos solamente pueden ejercer como cargos públicos en ese poder y deberán dimitir del cargo si abandonan el poder por el que han sido elegidos.

Nosotros presentamos la opción de que en vez de candidatos en formato lista, se presentaran equipos de trabajo con personas asignados a cargos ministeriales importantes y dejar abierto la incorporación de personas externas para el resto de los cargos, pero siempre respetando que las incorporaciones procedentes de elegidos en elecciones a otros poderes perderían ese nombramiento. El objetivo es evitar que una misma persona pudiera pertenecer a dos poderes a la vez, aumentando así la independencia de cada poder.

La pureza en la selección de delegados

El ideal democrático no solamente se basa en el sufragio universal que permite votar a toda la sociedad sin criterios restrictivos sino que cada voto tenga similar importancia a la hora de convertirlo en elegible y de esta manera sea la proporcionalidad la principal variable en la elección de los candidatos y candidatas.

Una selección justa y ponderada tendrá como resultado una relación más ajustada entre votos y escaños. De tal forma que ya que los elegidos disfrutan de igualdad de voto en el órgano correspondiente del que forman parte, lo lógico es que el número de votos que los han elegido sea también semejante. La razón principal del desajuste del funcionamiento del mecanismo electoral se debe al cambio de objetivos del mismo (elegir representantes) por la búsqueda de resultados que primen la gobernabilidad y de esta forma conseguir una gobernabilidad más estable y duradera.

En los países parlamentarios se cuestiona esa ponderación de votos en beneficio de la búsqueda de mayorías absolutas ya que es el parlamento el que elige al presidente del ejecutivo y por lo tanto la gobernabilidad está en función del número de representantes no del número de votos obtenidos. Algunos países incrementan el número de representantes elegidos con un plus de diputados (50-75) al partido ganador para que pueda gobernar con esa mayoría absoluta y en consecuencia pueda nombrar sin problemas al presidente del gobierno, respaldado por una mayoría de la cámara.

De esta forma se distorsiona el voto del Legislativo para conseguir un Ejecutivo más seguro y menos dependiente de otros partidos. Sin duda estas fórmulas diseñadas en los distintos países han permitido que el bipartidismo liberal-socialdemócrata haya sido el más frecuente en los últimos 75 años. Esto ha impedido la extensión de la diversidad en la política, la creación y desarrollo de muchos partidos y sobre todo la incorporación de una realidad más cercana con la sociedad.

Optimizar el número de delegados

Otra cuestión importante es adecuar el número de delegados a las necesidades reales de cada poder. Existe la sensación que hay una inflación apreciable en el número de ellos. Es verdad que como norma general los diputados elegidos se reparten posteriormente entre los distintos poderes del Estado y, en consecuencia, es difícil verificar si el número elegido es el más adecuado para gestionarlos correctamente. Por eso las elecciones de delegados en cada poder del Estado permitirían optimizar mejor el número más adecuado a la vez que permitiría mayor profesionalidad para los candidatos.

Para hacerse una idea general se incluye un gráfico del número de ellos en función del número de habitantes, aunque es cierto que las características de cada democracia tienen una gran influencia en la necesidad de más o menos diputados.

Número de habitantes por diputado/a en la UE

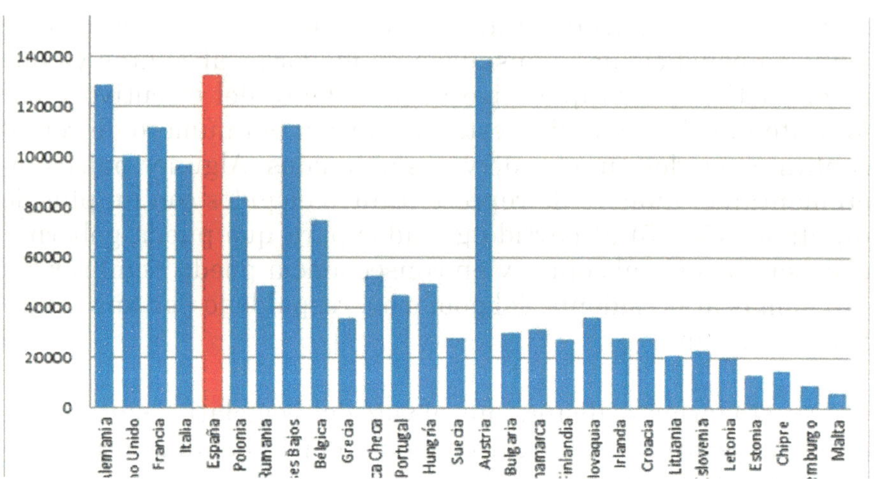

Fuente. Ferran Martínez i Coma 13 de octubre de 2014. Los datos de población son de la Wikipedia; los datos de los parlamentos de la Unión Inter-Parlamentaria. Acceso en https://www.eldiario.es/piedras-depapel/politicos_132_4587938.html

4.4 ACCIÓN 2: GARANTIZAR LA INDEPENDENCIA DE LOS PODERES PÚBLICOS

La democracia moderna nacida al calor de la Revolución francesa y el Constitucionalismo americano se basó en la división del poder absoluto del soberano (rey, emperador, monarca, príncipe o noble) repartido en varios poderes públicos para, de esta forma, evitar la tiranía de quien lo utilizaba, sin limitaciones, a su libre voluntad. Todo aquel inmenso poder político que llegaron a tener las monarquías absolutas en Europa hasta el siglo XIX, se dividió entre varios poderes al objeto de evitar la tentación de utilizar un poder omnipresente y de esta forma ser contrarrestado y equilibrado con otros poderes alternativos.

El contenido repartido entre los tres poderes siguió el criterio marcado por las funciones principales del poder político en una sociedad: diseñar y aprobar las leyes, ejecutarlas y controlar su puesta en funcionamiento. Por eso la democracia está basada en la existencia de los tres poderes que consagró Montesquieu: Legislativo, Ejecutivo y Judicial.

Es un importante mandamiento democrático. Y este escenario anormalmente democrático debilita y deteriora la convivencia social retrocediendo a tiempos decimonónicos donde la democracia era un juego de la oligarquía política y de la burguesía. Porque el segundo mandamiento de una democracia real (después de la soberanía popular) es la necesidad de disponer de poderes políticos independientes y que ejerzan de contrapeso entre ellos.

Estos poderes actúan sobre el espacio público y las estructuras del Estado a través de un sistema que dispone de distintos mecanismos con características específicas. Pero deben trabajar conjuntamente con una misma finalidad que es la estabilidad y el equilibrio de la convivencia de la sociedad, a través de las leyes.

Independencia: Selección de delegados en los tres poderes políticos

El problema fundamental nace cuando los poderes empiezan a perder su independencia debido al acoso incesante de los partidos políticos por acapararlos y con ello reconstruir el poder absoluto, evitando, de manera indirecta, la función de contrapesos que garantiza su independencia.

Si cada poder estuviera dirigido por colectivos distintos, permitiría que cada uno se orientara en mayor medida a su propia optimización funcional y se evitaría que quisiera invadir territorios de los otros poderes. De esta forma los tres poderes independientes se pondrían de acuerdo para que su ordenamiento desarrollado en la Constitución estuviera permanentemente actualizado para obtener mejores resultados.

Las mejores formas para garantizar esa independencia son: en primer lugar que los candidatos de cada poder procedan de colectivos diferentes y, en consecuencia, se limite la posibilidad de que un colectivo pueda confluir en distintos poderes. En segundo lugar que sean elegidos por la soberanía democrática, es decir, por la ciudadanía, a través de votaciones específicas para cada poder. En tercer lugar que cuenten con la suficiente preparación para poder ejercer su trabajo con garantía suficiente de esfuerzo, dedicación y experiencia. En cuarto lugar que solo puedan estar asignados a un único poder, y dentro de cada uno de ellos a una única institución, es decir a un único puesto de trabajo.

Precisiones sobre el sistema electoral según tipo de elecciones

Veamos algunas precisiones sobre el sistema electoral para garantizar la mayor proporcionalidad de todos los votos con independencia del lugar donde se realice la votación.

Elecciones legislativas

Las elecciones para elegir los representantes del poder legislativo deben disponer de circunscripciones que abarquen el siguiente nivel de poder. De esta manera en las elecciones para el parlamento europeo deberían ser (y son) los Estados nacionales las circunscripciones naturales. En las elecciones generales, por ejemplo en España, las circunscripciones deberían ser las Comunidades Autónomas. En las elecciones regionales o autonómicas las circunscripciones deberían (y son) las provincias, De esta forma se consiguen dos objetivos. Por un lado la circunscripción asignada surge de la división natural del Estado y acrecienta lógicamente la importancia que tiene dentro de la organización política. Por otro lado al ser circunscripciones más grandes la asignación de números de escaños pasa a ser más proporcionales al repartirlos exclusivamente en función del censo electoral.

Elecciones ejecutivas

Las elecciones para elegir el poder ejecutivo tienen unas características propias bien distintas de las elecciones legislativas. En algunas democracias ya se celebran bajo la denominación de elecciones presidenciales. Los electores votan a una persona que será el presidente del ejecutivo.

Existen distintas variedades y funciones que disfrutará el presidente elegido. Su elección puede ser directamente (EE. UU.) o a doble vuelta (Francia). En algunos casos el presidente es meramente una figura decorativa al estilo de las democracias coronadas aunque con alguna facultad añadida como la de convocar elecciones generales (Italia).

En algunos casos el Presidente elegido elige a un gobierno presidido por un presidente de gobierno (Francia) y en otros casos ejerce el ejecutivo directamente (EE. UU.) o sencillamente encarga el gobierno a la lista más votada en las elecciones legislativas o con mayor opción de éxito (Italia, España).

Sin embargo la mayoría de los países occidentales siguen un régimen parlamentario, es decir, es el propio parlamento legislativo quien nombra al presidente del ejecutivo con la mayoría de los votos afirmativos. De esta forma el legislativo y el ejecutivo se unen bajo la misma rama democrática poniendo en riesgo grave la independencia de ambos poderes.

El régimen presidencialista donde se elige al presidente del ejecutivo presenta ventajas e inconvenientes, pero disfruta de mayor valor democrática al ser elegido por toda la ciudadanía. En algunos países siguen recuentos que pueden distorsionar la mayoría de los votos, por ejemplo en los EE. UU. donde se eligen por estados y todos los representantes de cada estado son asignados al candidato ganador de tal forma que en algunas elecciones (por ejemplo las últimas donde salió elegido Trump o las segundas de Bush hijo) el candidato ganador no coincide con el que obtiene más votos (Trump obtuvo casi tres millones de votos menos que su contrincante Hilary Clinton).

Lo lógico es que todo el Estado sea una única urna electoral y la ganadora sea la persona que mayor número de votos haya obtenido. Este método se utiliza en los países europeos presidencialistas (Francia e Italia).

Elegir a un líder tiene riesgos apreciables sobre todo si no se conoce al resto del equipo. Nuevamente en EE. UU. previamente a la votación se conforman un dúo donde el presidente/a se acompaña de un vicepresidente/a lo que permite disponer de más información. Cuanto mayor número de personas se conozcan en los equipos que optan al ejecutivo más información relevante se tendrá y mayor sentido tendrá la votación. Por eso creemos que además de incluir el candidato a la presidencia se acompañe de las personas que vayan a desempeñar los ministerios más importantes del ejecutivo como Exteriores, Economía, Justicia o Interior.

Hay que tener en cuenta que el ejecutivo debe dedicarse a gestionar y dirigir una gran multitud de funcionarios que disponen de puesto fijo en la Administración, y que tienen experiencias y competencias contrastadas en la función pública por lo que el ejecutivo que deben designar los electores debe estar reducido a los responsables de los Ministerios y empresas públicas, instituciones públicas ejecutivas y otros organismos públicos.

Estos equipos ejecutivos deben estar compuestos de personas de reconocida experiencia acreditada en cada uno de los ministerios. Por eso deben crearse equipos competentes dentro de los partidos o de la sociedad civil que demuestren su valía y no que provengan, como la mayoría, de las listas legislativas y de los partidos políticos con apenas experiencia de acción.

Elecciones judiciales

De igual manera que se eligen los representantes en el poder legislativo entre los partidos políticos se elegirían los representantes en el poder judicial entre las asociaciones de jueces y magistrados o cualquier otra que tuviera relación directa con la judicatura. Las elecciones se realizarían para el órgano directivo del tercer poder Judicial, el Consejo General del Poder Judicial, entre los miembros funcionarios de los jueces, que puede incluir una lista de estos.

Esta elección sustituiría a la actual que nombran los partidos políticos a través de las cámaras parlamentarias bien a nivel general como a nivel autonómico. De esta manera conseguiríamos que los representantes en los tres poderes del estado fueran elegidos independientemente y se dedicarían a cada uno de los tres poderes políticos actuando en las instituciones de cada uno de ellos y realizando las funciones de dirección y control de manera independiente.

En resumen la mejor forma que se garantice esa independencia es que los representantes de los tres poderes sean elegidos por la soberanía democrática, es decir, por la ciudadanía. En segundo lugar que tengan la suficiente preparación para poder ejercer su trabajo con garantía suficiente de esfuerzo, dedicación y experiencia. En tercer lugar, y como deducción del punto anterior, que los representantes solo puedan estar asignados a un único poder y dentro de cada uno de ellos a una única institución, es decir a un único puesto de trabajo.

La independencia de los poderes políticos y la jefatura del estado

Los poderes políticos deben ser escrupulosamente independientes para evitar cualquier riesgo de involución al poder absoluto. Esto significa que no debe existir dependencia económica, política o social entre ellos. De esta manera los poderes pueden conformar la gran función de contrapoderes entre sí, desde la independencia y la robustez.

Sin embargo hace falta remitirse a una institución que esté por encima de ellos y que gestione aquellas cuestiones esenciales de cada poder (económicas, políticas o sociales) que necesitan para su funcionamiento y que, además, permita verificar las funciones de contrapoderes de cada uno de ellos.

Entre estas cuestiones esenciales caben destacar la asignación de presupuestos económicos, la auditoría de estos a través de un tribunal de cuentas o la detección de cualquier intento de traspasar la frontera de cada poder en perjuicio de otro. Cualquier otra cuestión que puede incorporar de manera directa o indirecta influencia, dependencia o presión de otro poder también debe ser controlado por esa institución para que respeten escrupulosamente las fronteras de los poderes.

Para realizar semejante misión hemos pensado en la jefatura del Estado que, paradójicamente, siendo la máxima autoridad política reconocida en la constitución no dispone de ninguna herramienta de poder y por ello es una mera figura que apenas realiza funciones útiles a la democracia, ya que siguen el concepto de ser "reinas madres" que reinan pero no gobiernan.

Y nos estamos refiriendo tanto a las democracias que son monarquías como aquellas que son repúblicas que son parlamentarias. El jefe o jefa del Estado es una figura sin ninguna prerrogativa ni funciones específicas ni concretas. Sus mensajes, alegatos o conferencias, sus viajes, sus actos y hasta sus vacaciones están controladas rígidamente por el gobierno ejecutivo de turno, por lo que su función es meramente decorativa y podríamos decir que poco útil para la democracia. El poder ejecutivo es el brazo controlador de la jefatura del Estado y quien le dice lo que tiene que decir, lo que tiene que hacer y lo que tiene que callar.

En la constitución española y en su artículo 56.1 dice que "El Rey es el Jefe del Estado, símbolo de su unidad y permanencia, arbitra y modera el funcionamiento regular de las instituciones, asume la más alta representación del Estado español en las relaciones internacionales, especialmente con las naciones de su comunidad histórica, y ejerce las funciones que le atribuyen expresamente la Constitución y las leyes".

Quizás habría que afinar las competencias que queremos asignarle con una modificación de la constitución aunque, quizás, podría ampliarse o precisarse a través de leyes orgánicas la función de "arbitra y modera el funcionamiento regular de las instituciones" para legalizar y concretar la propuesta planteada. Es una función que podría claramente incorporar todas aquellas cuestiones que permitan garantizar la independencia y el correcto funcionamiento de los poderes políticos y, por traslación, un progreso equilibrado y eficiente de la democracia que los sustenta.

Para cumplir esta nueva función la jefatura del estado necesita, obviamente, reorganizarse y reforzarse. El principal trabajo consiste en situar bajo su dirección aquellas instituciones, facultades y personal que existen actualmente y que se dedican actualmente a gestionar algunos de los temas relacionados como el tribunal de cuentas, oficina de presupuestos (solamente para asignar a nivel de cada poder el presupuesto general aprobado por las cortes generales) o tribunal de delimitación de poderes (incluye el control de fronteras y el funcionamiento de contrapoderes).

Función de contrapeso: El equilibrio inestable

Los frenos y contrapesos que necesita cada poder político solamente pueden surgir de los otros poderes que tienen la legitimidad y la fuerza suficiente para mantener el equilibrio entre ellos. Para ello es condición necesaria que los poderes sean independientes. Para eso el constitucionalismo estadounidense desarrolló el modelo de "checks and balances" que garantizaba el equilibrio entre los poderes a través de dotarlos de determinados controles para que se mantuvieran dentro de sus funciones y cometidos.

Sin embargo, según señala Jiménez Asensio (2020) "(...) en Europa continental el planteamiento originario fue diferente. Aquí, en los inicios de la Revolución francesa, predominó el Legislativo, aunque durante largos períodos de la construcción del Estado constitucional fue el Ejecutivo –como recordó Rosanvallon- el que realmente llevó las riendas (más a raíz de la implantación definitiva del sistema parlamentario de gobierno y del Estado de partidos)".

Cuando, como es el caso habitual de las democracias de partidos, los poderes están colonizados por los partidos políticos no existe posibilidad real de que los frenos y contrapesos funcionen aunque se hayan implementados modelos eficaces. Por esa razón antes de diseñar los modelos es necesario garantizar la independencia de los poderes y limitar el poder de los partidos políticos y la forma de acceder a los cargos públicos. Ese será el cometido de la propuesta siguiente.

4.5 ACCIÓN 3: REDISEÑAR LOS ROLES DE LOS AGENTES POLÍTICOS

Podemos observar dos visiones complementarias que poco a poco se van estabilizando y que están marcando un nuevo escenario político. Los vamos a denominar visión de futuro y visión de presente. La visión de futuro se refiere a la preparación, análisis y diseño del futuro de la sociedad, es decir, está marcado por el largo plazo. La visión de presente se refiere a la atención y actuación de las necesidades y los intereses de la sociedad, es decir, está marcado por el corto y medio plazo. En la primera prima el debate, la deliberación y el pensamiento, es más emocional y filosófica; en la segunda destaca la planificación, la prioridad y los proyectos, es más racional y económica.

Esta nueva situación cada vez más evidente y extendida nos hace proponer una tesis que no deja de ser rupturista, aunque profundamente lógica y plausible. Y consiste en reasignar nuevas funciones a los dos agentes políticos organizados que podrían colaborar juntas y complementarse en las decisiones de la sociedad sin necesidad de dividir el terreno de juego político.

De esta forma, también, podrían ejercer un papel de contrapeso para avanzar de una manera más sostenida y equilibrada de la participación política en el progreso de la sociedad. También permitiría disminuir el conflicto político que está asolando las sociedades democráticas con el enfrentamiento permanente entre la sociedad civil y los partidos políticos sobre el concepto de una representación decimonónica que se ha quedado obsoleta ante una ciudadanía más preparada, más activa gracias a la tecnología y con más fuerza que nunca.

Los agentes políticos

La única forma natural de ejercer la libertad política es a través de la participación ciudadana. Bien sea a nivel personal utilizando derechos y libertades reconocidas o bien sea a través de la pertenencia a grupos activos en el escenario político que es otra forma de participación más activa y eficaz. Para participar de forma unitaria dispone de dos herramientas: el voto para elegir representantes que gestionen el poder político y la voz para decidir directamente cuestiones que se consideran claves en la vida política.

Es evidente que las dimensiones de las sociedades impiden que la ciudadanía pueda llegar a todos los campos de la vida pública que exigen atención y gestión y por eso se despliegan grupos profesionales con dedicación y conocimientos específicos sobre los distintos temas públicos que cada vez son más exigentes y complejos.

La participación organizada está formada por la ciudadanía que eligen, de una manera generalmente, voluntaria, participar directamente en el campo político o social. En este caso las personas militantes o voluntarias están encuadradas en el grupo de las asociaciones políticas o sociales, es decir, partidos políticos y sociedad civil. Las asociaciones sociales de todo tipo (ONG,s, fundaciones, asociaciones) están formadas por ciudadanos y ciudadanas que de forma voluntaria ofrecen su disponibilidad, sus conocimientos, sus dineros o su energía para defender los derechos de todos los miembros de la sociedad.

De igual manera los partidos políticos están formados por personas que llegan de la propia sociedad. No son, por lo tanto, miembros de un grupo determinado ni personas que deban acreditar ningún conocimiento especial. Solo se les pide que tengan vocación de servicio público. Sin embargo este doble perfil, ciudadanía y militancia, se suele decantar con el tiempo hacia los patrones definidos por las asociaciones y por lo tanto su mentalidad, actitud y actuación se centran más en los objetivos de estas, como palanca para defender los objetivos, más generales, de la ciudadanía.

Así, de manera natural y consistente, ayudadas por incentivos económicos y privilegios sociales, van conformándose las élites políticas y sociales, profesionalizando como políticos a muchos de sus miembros y encerrándose en sí mismos ideológicamente provocando con ello un alejamiento de la ciudadanía y de la realidad de la sociedad. Por esa razón la acción directa como militantes de una agrupación política o una entidad civil, debe ser blindada para que su libertad y participación en ellas corresponda a modos democráticos y, en cualquier caso, la soberanía de actuación debe recaer en todos los militantes o voluntarios que formen parte de dichas organizaciones.

La condición de representantes públicos de miembros de los partidos políticos exige el voto de la ciudadanía y por es imprescindible que el modelo electoral es un mecanismo imprescindible en la democracia representativa y su funcionamiento correcto una necesidad para respetar al máximo la ponderación igualitaria de todos los votos con independencia del género, el territorio o la ideología. Ya que las elecciones políticas no es una cuestión de competencia de partidos por el voto sino una manifestación de ponderación de este, de tal forma que se deben utilizar fórmulas electorales que mejor resuelvan la igualdad de cada voto.

La evolución de los agentes políticos

Se pueden observar tres tipos de agentes políticos: Ciudadanía, sociedad civil y partidos políticos. En los últimos tiempos se están viviendo unos cambios importantes en estas organizaciones debidos a la llegada del sufragio universal y al cambio de mentalidad de la ciudadanía. Por una parte el objetivo principal de los partidos políticos que empezó siendo ideológico con el afán de transformar la sociedad buscando intereses de clase, se está transformando en material con el afán de supervivencia con la llegada de toda la población al mundo político.

La necesidad de obtener votos a cualquier precio para conseguir presencia institucional le ha obligado a adaptarse a las necesidades y deseos de los votantes que en su mayoría ha cambiado su ideología de un mundo mejor por el materialismo de un mayor bienestar social. Esto implica una estrategia de bajar a la realidad cotidiana para conocer las necesidades reales de los votantes y transformarlas en promesas electorales que consigan el mayor número de votos y genera una obligación añadida a los partidos de disponer de un mayor número de militantes que trabajen y una mayor profesionalidad de estos para que actúen de manera más eficiente.

La exigencia de la atención se dirige más al mundo real más económico y se va diluyendo la importancia de una visión social basada en normas y leyes con la preeminencia de valores y principios. En consecuencia el papel fundamental que tenía el legislativo, a través de la aprobación de leyes, para construir una sociedad mejor y más distribuida ha pasado a ser asumido por el poder ejecutivo a través de acciones directas e inmediatas para mejorar el bienestar de la ciudadanía.

De esta forma, va aumentando el razonamiento de la política de acción sobre el pensamiento de la política de intención. Los partidos políticos van abandonando la visión de futuro por la cercanía del presente actuando en el corto plazo y con objetivos más atentos a la parte económica que a la parte más ideológica. La parte legislativa que adquiere, por lo tanto, una mayor finalidad económica en perjuicio de una finalidad social. Está desatención de las fuerzas políticas tradicionales está generando una mayor atención y compromiso de la sociedad civil organizada para erigirse en principal impulsora de esas cuestiones, que siguen siendo importantes para la mayoría de la sociedad.

Los tipos de participación democrática

Hemos afirmado anteriormente que la participación política es el centro nuclear de la democracia y su fuerza y presencia en las decisiones públicas es determinante para dimensionar el nivel y la calidad de la democracia. Lógicamente las relaciones de la ciudadanía con el Estado pueden presentar diversas formas de realizarse. Unas formales recogidas en el marco regulatorio legal y otras más informales resultado de un cierto compromiso mutuo aceptado u obligado.

La mayoría de los expertos están de acuerdo en que se pueden sintetizar en tres tipos de relaciones: representación (R), participación (P) y acción directa (D). No son relaciones disyuntivas sino más bien acumulativas:

$$\mathbf{R} \subset \mathbf{P} \subset \mathbf{D}$$

es decir, la democracia participativa dispone de relaciones de representación y participación ciudadana y la democracia directa utiliza los tres tipos de relación.

El modelo de democracia con mayor limitación ciudadana es la democracia representativa donde la participación ciudadana se limita a elegir a los representantes de los partidos. El argumento principal de su defensa está relacionado con la fama de incapacidad, inestabilidad y falta de formación de la ciudadanía. Los ejemplos recientes que corroboran esta apreciación de la ciudadanía es la llegada de los nacionalistas y las extremas derecha e izquierda englobados en el concepto de populismos.

La democracia participativa da un paso adelante en la participación ciudadana aumentando su poder y permitiendo desde el estado, de una forma voluntaria o forzada, a colaborar en determinadas tareas públicas bien opinando, bien decidiendo. Barber (1984) la denomina democracia fuerte contrastando con la democracia representativa que la define como débil. El aumento de participación y protagonismo de la ciudadanía permite fortalecer la cultura política nacional, los valores de la sociedad y la toma de conciencia democrática.

Finalmente pueden existir relaciones de acción directa de la ciudadanía en la vida pública del sistema político, sin necesidad de estar tamizadas por representantes políticos. En este caso estamos hablando de democracia directa donde la ciudadanía ejerce de soberana única en algunas decisiones.

En este modelo están presentes todas las posibles relaciones y permite un mayor equilibrio entre los distintos agentes políticos: Ciudadanía, sociedad civil y partidos políticos. Altman (2010), uno de sus referentes más importantes en este campo, concreta la democracia directa como el "grupo de instituciones políticas en que los ciudadanos deciden o emiten su opinión sobre temas particulares en las urnas, mediante sufragio universal y secreto, y que no forman parte del proceso electivo regular de autoridades".

Cuestiones como aprobación de leyes que incluyen modificaciones de los derechos fundamentales o del sistema electoral, apartados decisivos de presupuestos públicos o revocación de cargos públicos pueden ser realizadas a través de la acción directa de la ciudadanía.

Un ejemplo comparativo y muy ilustrativo relacionado con estos modelos de democracia se presenta en Morales (2016), donde tomando la clasificación de las experiencias del Estado español, definida por Ganuza (2009), señala que "Es interesante hacer un recorrido por estos modelos tipo, retomando algunos de los elementos que se apuntan como fundamentales para conseguir el empoderamiento, tales como la toma de conciencia sociopolítica, la problematización y la reflexión compartida".

Modelos de presupuestos participativos en España

	Modelo administrativo	*Modelo representativo*	*Modelo participativo*
Quién participa	Ciudadanía en general y asociaciones en estructura tradicional.	Asociaciones y colectivos organizados.	Ciudadanía organizada o no en asambleas abiertas.
Relación del OP con la Administración	Relación top-down.	Relación down-topdown.	Relación top-down-top
Reglas del proceso	Reglas elaboradas por la Administración	Reglas elaboradas por las asociaciones.	Reglas elaboradas por participantes y administración. Gran autonomía de la ciudadanía
Deliberación	No deliberación. La ciudadanía únicamente propone.	Deliberación entre representantes de asociaciones	Deliberación entre la ciudadanía a lo largo de todo el proceso
Toma de decisiones	Justicia social aplicada por la Administración.	Justicia social, uso difuso y sin explicación	Justicia social acordada colectivamente y de aplicación pública

Fuente: García-Leiva y Falck (2011a), adaptación de la clasificación de Sintomer, Herzberg, Röcke, (2008) realizada por Ganuza (2009).

Los nuevos roles de los cargos públicos

Las dos primeras propuestas para recuperar la democracia tienen una especial implicación en los agentes políticos ya que señala una serie de exigencias en los equipos y los cargos públicos:

1. Pasan de ser representantes a delegados de la ciudadanía

2. Deben ser elegidos en elecciones para cada poder.

3. Deben tener la suficiente preparación para poder ejercer su cargo

4. Solo puedan estar asignados a un único poder

5. Las agrupaciones políticas solo pueden estar presentes en un poder

Esto obliga a que los agentes políticos se deben especializar en un campo y que los cargos públicos que presenten en las elecciones deben cumplir una serie de competencias profesionales para ejercer como cargo público. Quizás las más estrictas serían en el poder judicial con perfiles semejantes a los actuales para pertenecer al CGPJ pero cuya forma de elección sería directamente por la ciudadanía.

Respecto al poder ejecutivo se debería buscar un término medio entre los perfiles más políticos y los más técnicos, pero con un mínimo de consistencia profesional y experiencia contrastada para garantizar una dirección sólida y evitar el clásico chalaneo político. El poder legislativo es, a nuestro juicio, el más laxo ya que lo que se busca son ideas, sentido común y gusto por lo público.

El líder y el CEO

El significado de estos conceptos están tan ligados y enmarañados que muchas veces es difícil tratarlas por separado. Cuando una persona es un buen ceo se suele decir que lo es porque es un buen líder y también existe la creencia que un buen líder es un excelente ceo.

Podemos encontrar en el sector privado alguna aproximación a sus definiciones. El buen Ceo consigue buenos resultados que son fácilmente comprobables y quizás sea esa su principal característica. Se mueve entre procesos, procedimientos y organización empresarial. Es el motor de la entidad. Por eso decimos que es el director del hardware, de la parte dura de la estructura, de las cosas que permiten influir en el funcionamiento de la organización, de las cosas.

El líder es un concepto más esotérico. Se mueve más en la cultura, los valores y el futuro. Trabaja con personas de manera indirecta para hacerlas más valiosas y flexibles a los cambios permanentes que deben sufrir las empresas. Su objetivo no se puede cuantificar en resultados sino es a muy largo plazo. Por eso decimos que el líder es el director del software, de la parte blanda y moldeable, las personas. La atención que le dicta el talento a cada uno es bien diferente.

El Ceo se dirige al resultado y por eso está pendiente del funcionamiento. Analiza la empresa como una maquinaria que debe estar afinando a cada momento. Por el contrario el líder se dirige al comportamiento de los empleados ya que analiza la empresa como un colectivo de personas y debe estar afinando continuamente la cultura de la empresa.

Es difícil alcanzar cualquiera de los dos cargos de una manera eficiente y mucho más difícil alcanzar los dos conjuntamente. En ambos casos una parte del talento está dirigido a conformar equipos conjuntados que puedan dirigirse eficazmente hacia el objetivo previsto.

Otra parte importante del talento se debe ocupar de saber diseñar, ordenar y desarrollar el camino hacia la meta. Imaginación y realismo, pensamiento y acción, influencia y voluntad, actitud y aptitud. Son partes esenciales para construir un líder o un ceo. En general el líder debe tener grandes dosis de imaginación, pensamiento, influencia y actitud. El ceo debe disponer entre sus herramientas de realismo, capacidad de acción, voluntad y persistencia y aptitud clara para bucear sin problemas sobre los procesos y los proyectos.

Dos perfiles diferentes que, generalmente, señalan a dos tipos de personas diferentes. El reflexivo líder y el proactivo Ceo. El líder mira al futuro, el Ceo al presente. Son cometidos tan distintos que realmente es prácticamente imposible que puedan recaer en una única persona.

En este sentido el rediseño de los roles de los agentes políticos se basa en diferenciar estas habilidades. Así se podría afinar en el perfil idóneo para cada poder: el Legislativo debe acoger a los políticos más creativos, más innovadores y utópicos cuya máxima fortaleza se relacione con el pensamiento y el futuro. El Ejecutivo debe ser el destino de las personas forjadas profesionalmente que sepan liderar a los equipos, decidir de manera grupal y con criterios fundamentados y sepan equilibrar la utilidad, el valor y la igualdad de sus soluciones. El Judicial es el poder más profesionalizado e independiente y solo necesitaría una dirección colegiada para gestionarlo, donde estuvieran funcionarios judiciales y personas relevantes relacionados con el cómo, catedráticos de derecho u otros expertos reconocidos en esa materia.

Creemos en la necesidad de situar en esos puestos de responsabilidad a personas que sepan conjugar competencias técnicas profesionales con habilidades emocionales de equipo. Que sepan liderar y sirvan de facilitadores a las inmensas plantillas de funcionarios públicos que son los que realmente orientan su trabajo hacia la sociedad.

De esta forma se podrían aplicar caracteristicas distintas para cada colectivo de representantes. Para el legislativo serían personas no profesionales y con mandatos limitados, para el ejecutivo serían personas profesionales y capacitadas para el cargo y para el judicial serían representantes del propio colectivo judicial.

Para el rediseño de los roles de los agentes políticos se propone el criterio de diferenciarlos según el poder donde van destinados: agrupaciones ciudadanas (sociedad civil) para dirigir el poder legislativo, agrupaciones políticas (partidos políticos) para dirigir el poder ejecutivo y agrupaciones de jueces (asociaciones judiciales) para dirigir el Consejo General del poder Judicial.

La participación de la ciudadanía: Agrupaciones políticas civiles

Como hemos visto la participación ciudadana se puede realizar a nivel personal y a nivel organizado. La voz de cada persona es más genuinamente democrática ya que se realiza sin intermediarios y por lo tanto sin cesión alguna de poder soberano. La sociedad civil, generalmente en formato ONG, tiene como objetivo principal una labor de vigilancia de los poderes y un aumento de la transparencia de las acciones gubernamentales. Veamos cómo pueden ir evolucionando hacia el objetivo de mejorar el funcionamiento de la democracia y reducir la distancia entre los representantes públicos y la ciudadanía.

La voz de la ciudadanía

La producción legislativa de la ciudadanía, a través de la iniciativa popular, está muy limitada sobre los temas que puede proponer, entre ellos aquellos los que están recogidos en la Constitución, ya que es terreno exclusivo del Parlamento. Si bien en la elaboración de la Constitución española se contemplaba esta prerrogativa en el anteproyecto, el voto conjunto de la UCD, el PSOE y Partido Comunista permitió eliminarla del proyecto final. En este sentido la constitución republicana de 1931 era mucho más progresista que la actual, ya que no limitaba ningún tema para ejercer la iniciativa popular.

Nuestra propuesta es que la iniciativa popular permita proponer leyes respecto a cualquier tema y especialmente aquellos relacionados con los derechos y libertades de las personas, de una manera sencilla y que siempre se tome en consideración. Además los referéndums obligados que son convocados por el Parlamento no solo se limiten a las modificaciones y cambios de la Constitución sino también alcance a la creación y modificación de todas las leyes, normas y reglamentos que afecten o puedan afectar a cuestiones relacionadas con los derechos y libertades de las personas.

El formato del referéndum debe habilitarse para que las decisiones ciudadanas sobre estos temas deban ser obligadas para su aprobación. Y que sean garantizados debates públicos libres para que los temas sean de dominio público. De esta forma se rompe la dinámica de separar los artículos de la Constitución con su aplicación práctica, impidiendo barreras o limitaciones en el ejercicio de los derechos y libertades.

Leyes como la denominada "mordaza", cuestiones como el aborto o la eutanasia, recortes o modificaciones en sanidad o educación o cuestiones de ciudadanía o inmigración deberían ser consultadas en referéndum o herramienta similar, que hoy día, y gracias a la tecnología, serían sencillas y baratas de realizar.

La participación de la sociedad civil

La sociedad civil está formada por agrupaciones de ciudadanos y ciudadanas que se organizan para influir en la política desde fuera de ella y de esta forma romper el monopolio del escenario político de los partidos políticos incluyendo en el debate público a la ciudadanía.

Según el sociólogo y filósofo alemán Habermas (1997), los componentes de la sociedad civil son:

- "las instituciones que defienden y definen los derechos sociales, políticos e individuales del pueblo y que permiten que se asocie libremente, que se defienda del monopolio y otras acciones que atenten contra sus libertades y que intervenga del propio sistema y

- los movimientos sociales que constantemente traen a la mesa valores y principios nuevos, además de demandas por parte del pueblo y control sobre el respeto de sus derechos."

Este nuevo modelo operativo de participación es muy exigente con los ciudadanos porque les obliga a comprometerse políticamente y ser más participativos para poder construir entre toda la sociedad el sistema social, político, territorial y económico que se desea.

El ciudadano dejaría de votar de manera pasiva y pasaría a influir con sus comentarios, sus ideas y sus acciones en la búsqueda de los objetivos. Por suerte para este tipo de democracia participativa, ya existen los medios tecnológicos para poder ejercerlos. De esta forma se pasaría de una política pública liderada por los periódicos y otros medios de comunicación, a una política activa en la Red donde toda la ciudadanía puede opinar, comentar, aplaudir o discrepar.

Esta es una nueva exigencia que acompaña al cambio de paradigma de la nueva sociedad. Todos los miembros de la sociedad deben ser partícipes y actores de su bienestar, su presente y su futuro. La sociedad civil, por lo tanto, se podría constituir en organizaciones político civiles y presentarse a las elecciones legislativas para ayudar desde un perfil espontáneo, utópico o realista a desarrollar las leyes más adecuadas al sentir de la ciudadanía. De esta manera la sociedad podría estar mejor representada en el Parlamento por líderes vecinales, intelectuales o, en general, personas que conviven diariamente en el trascurrir de la vida habitual y conocen realmente las inquietudes y necesidades de la ciudadanía.

La participación de los partidos políticos: Organizaciones públicas profesionales

Es bastante evidente que en las democracias consolidadas y con gran población el poder político que tiene más fuerza es el poder ejecutivo. De tal forma podemos decir que el poder legislativo no es más que un apéndice de aquel. Esta realidad genera un gran problema en las democracias parlamentarias, ya que solamente se eligen representantes para el poder legislativo y éste se encarga de elegir directamente, sin intervención alguna de la ciudadanía, al presidente del ejecutivo, es decir, del principal poder. Esta situación delata una laguna importante en estos sistemas democráticos.

Por otro lado la maquinaria del Estado que dirige el poder ejecutivo presenta unas dimensiones colosales. El número de funcionarios, la importancia de los proyectos y las enrevesadas relaciones internacionales en este mundo globalizado exige una profesionalización de los cargos públicos que la dirigen. Cada vez tiene más importancia el perfil profesional que el político en sus directivos y por eso cada vez con mayor frecuencia e intensidad los ministros, consejeros y altos cargos deben tener experiencia profesional y técnica para poder ser más eficientes.

Estamos de acuerdo que la democracia exija la presencia de políticos aficionados tan solo avalados por su interés público y sus ganas de luchar por una sociedad más libre, más igualitaria y de mayor valor. Pero otra cosa es liderar potentes equipos cada vez más especializados y complejos en entornos de máxima incertidumbre. Para estos casos son necesarios profesionales políticos que sepan conjugar su experiencia profesional con su sensibilidad pública, equilibrando de esta forma riqueza con igualdad para que la labor pública no solo entienda de utilidad sino también de equilibrio social.

El político profesional

La política, por lo tanto, se ha vuelto profesional. Lejos quedan aquellos tiempos de la transición donde muchos ciudadanos anónimos se comprometieron con el proceso político y fueron auténticos representantes de los ciudadanos, asociaciones civiles y otros colectivos de todas las condiciones. Sin embargo, existen muchos puntos negros que pueden demasiados riesgos y limitaciones. Y esto puede incidir en los resultados ofrecidos, sobre todo porque no hay suficiente control que permita auditar las actuaciones de los cargos públicos metidos, en muchos casos, a gerentes políticos.

- Primero empieza a ser una mayoría los que no han conocido otro trabajo que estar al servicio del partido político correspondiente y por lo tanto se empiezan a envolver en la burbuja partidista y a alejarse de la realidad ciudadana.

- Segundo al depender exclusivamente de la asignación pública y no tener un empleo o una profesión que le espere en el mercado del trabajo obliga a pagar con lealtad incondicional para poder siendo parte del sistema.

- Tercero, con el tiempo, la ilusión se va transformando en interés, el interés en egoísmo y la honestidad en tentación. De esta forma los políticos profesionales se van colocando en los entornos donde pueden mejorar su nivel económico y su poder político.

Como cada vez hay más políticos profesionales los partidos políticos necesitan creer o abordar un mayor número de puestos de trabajo. Un número muy significativo de instituciones ajenas, en principio al poder político, son tomadas al asalto por los representantes como botín de victoria. Si viéramos la trayectoria de algunos políticos en los cargos que han ostentado podríamos suponer que son súper profesionales que pueden hacer y entender de todo.

Además tiene el aliciente y la tranquilidad de que apenas existen responsabilidades de actuación. De esta forma los políticos profesionales se han construido una burbuja alegre, sin responsabilidad ni obligaciones que es fácilmente compatible con cualquier otra ocupación pública (cargo en los partidos) o privada.

El poder ejecutivo, por lo tanto, debe estar formado por profesionales que quieran trabajar en el sector público y tengan sensibilidades sociales de ayudar a la comunidad. Por otra parte se deben situar en esos puestos de responsabilidad a personas que sepan conjugar competencias técnicas profesionales con habilidades emocionales de equipo. Que sepan liderar y sirvan de facilitadores a las inmensas plantillas de funcionarios públicos que son los que realmente orientan su trabajo hacia la sociedad.

Esto permitiría incorporar, además de las personas provenientes de los clásicos partidos políticos y los que forman parte de la sociedad civil, organizaciones especializadas, que podrían ejercer funciones esenciales en los poderes políticos, y que podrían acceder a las distintas elecciones convocadas relacionadas con su "expertise". De esta forma se irían diseñando y construyendo equipos de personas orientadas a desarrollar trabajos de experto en cada grupo de poder.

El equipo profesional político

De esta manera se podrían formar equipos profesionales públicos a partir de los perfiles antes comentados. Y estos equipos, de procedencia variada, podrían conformar el cartel electoral de unas elecciones al poder ejecutivo.

Así se conseguirían alcanzar varios retos democráticos.

- Primero se alcanzaría una mayor independencia en los poderes políticos al disponer de elecciones distintas en cada uno de ellos con elegibles de grupos diferenciados específicos para cada poder.

- Segundo, en las democracias parlamentarias, permitir que la ciudadanía elija a los cargos públicos del ejecutivo.

- Tercero, en las democracias presidencialistas, elegir al presidente del ejecutivo y a su equipo más nuclear (ministerios más importantes) o bien conocer previamente el equipo que le acompañaría en las tareas de gobierno.

- Cuarto, minimizar los denominados ministros políticos cuya única experiencia esté relacionada solo con una agrupación política o social, ya que la fortaleza del equipo es la suma de la de todos sus miembros.

La participación de las asociaciones de profesionales del derecho

El CGPJ (Consejo General del Poder Judicial) es el órgano rector del poder judicial con capacidad de dirigir, arbitrar y asignar los puestos de responsabilidad dentro del cuerpo judicial. Hasta ahora en España han intervenido en su nombramiento a lo largo del tiempo los propios jueces y los representantes del poder legislativo (Congreso y Senado). Una vez más se ignora la participación de la ciudadanía como soberano de los tres poderes, como en el caso del poder ejecutivo.

En este sentido se propone que a semejanza de los otros poderes se constituyan distintas listas de profesionales judiciales que serán votadas por la ciudadanía en unas elecciones comparables al resto de poderes. De esta forma se preserva la independencia del poder judicial respecto al resto de poderes que como se observa en la actualidad pueden mediatizar los nombramientos atendiendo a intereses meramente partidistas. La única fórmula que garantiza la independencia de cualquier poder político es aquella que evita de manera drástica la intervención directa o indirecta de cargos públicos de otros poderes.

TEXTOS REFERENCIADOS

- Alberoni, Francesco (1984). Movimiento e institución. Teoría General. Madrid, Editora Nacional.

- Asociación internacional para la participación pública, (IAP2) (2002).

- Altman, D. (2010). Democràcia directa, democràcia representativa i apoderament ciutadà. Col·lecció de participació ciudadana, 7. Barcelona: Generalitat de Catalunya.

- Barber, B. (1984). Strong Democracy: Participatory Politics for a New Age. Berkeley: University of California Press.

- Bobbio, N. (2003). El futuro de la democracia. México: Fondo de Cultura Económica.

- Contreras, Patricio y Montecinos, Egon (2019). Democracia y participación ciudadana: Tipología y mecanismos para la implementación. Revista de Ciencias Sociales (Ve), vol. XXV, núm. 2, 2019. Universidad del Zulia.

- Del Águila, Rafael (1996). "La participación política como generadora de educación cívica y gobernabilidad" en Revista Iberoamericana de Educación. N.º 12.

- Díaz Aldret, Ana (2017). Participación ciudadana en la gestión y en las políticas públicas. Revista Gestión y política pública Vol. 26, N.º 2.

- Ganuza, E. (2009). Los presupuestos participativos en España. Conferencia no publicada presentada en las Jornadas de participación en el marco de la Red Estatal por los Presupuestos Participativos, celebrada en el mes de abril en Córdoba (España).

- García-Leiva, P & Falck A. (2011a). Aprendizajes de ida y vuelta en las experiencias de presupuestos participativos. El caso de la provincia de Málaga. VOCES, nº 5.

- Glucker, A.N., Driessen, P. P. J., Kolhoff, A., & Runhaar, H. A. C. (2013). Public participation in environmental impact assessment: why, who, and how? Environmental Impact Assessment Review, 43(1).

- Habermas Jürgen (1997). Historia y crítica de la opinión pública. La transformación estructural de la vida pública. Editorial Gill. México.

Jiménez Asensio, Rafael (2020) El Poder difuso: Poder Judicial y separación de poderes. Acceso en https://hayderecho.expansion.com/2020/01/20/el-poder-difuso-poder-judicial-y-separacion-de-poderes/.

- Morales Morales, Ernesto (2016). Empoderamiento y transformación de las relaciones de poder. Un análisis crítico de los procesos institucionales de participación ciudadana. Tesis doctoral.

- Reyes, Francisca y Ríos Emilia (2016). Participación ciudadana en proyectos de inversión: Lecciones desde la experiencia internacional. Espacio público. Documento de referencia nº 26. Enero 2016.

- Rodríguez, Antonio (2015). El estado social y democrático de derecho. Acceso en https://www.dyrabogados.com/el-estado-social-y-democratico-de-derecho/.

- Sainz Moreno, Javier (1981). Definición dialéctica del derecho. Marsiega S.A.

- Sintomer, Y., Herzberg, C., Röcke, A., & Allegretti, G. (2012). Transnational Models of Citizen Participation: The Case of Participatory Budgeting. Journal of Public Deliberation, 8(2), 9. DOI: http://doi.org/10.16997/jdd.141.

- Spectrum of Full Participation. Westminster: International Association for Public Participation. https://www.iap2.org.au/resources/public-participation-spectrum.

Wainwright, Hilary (2007). Sobre la representación política. Transnational Institute (TNI).